キャリア教育に活きる！

センパイに
聞く

仕事
ファイル

小峰書店 編集部 編著

24

法律の仕事

裁判官
弁護士
検察官
弁理士
労働基準監督官
サイバーセキュリティ
対策本部警察官

小峰書店

小峰書店 編集部 編著

㉔ 法律の仕事

Contents

裁判官

Judge

東京地方裁判所・判事補
白井宏和さん
任官3年目 28歳

> 裁判官として
> 公平・中立的な立場で
> 公正に判断します

裁判官は、裁判を通して、社会生活で起きた個人や会社間の紛争（争いごと）を解決したり、罪を犯した疑いのある人※が有罪か無罪かを判断したりします。ここでは、東京地方裁判所で裁判官として働く、白井宏和さんにお話をうかがいました。

用語 ※ 罪を犯した疑いのある人 ⇒ 刑事裁判では、有罪が確定するまで、「罪を犯していない人」としてあつかわなければいけない。これを「無罪推定の原則」という。

Q 裁判官とはどんな仕事ですか？

裁判では、憲法や法律に従い、判例※などを参考にしながら、事件を解決します。裁判官は、判決において、事件の当事者の言い分を正確に把握した上で、証拠に基づいて、どのような事実があるのか、当事者の言い分が認められるのかなどを判断します。

裁判であつかう事件には、民事事件と刑事事件のふたつがあります。民事事件は、個人や会社間で起きたもめごとです。例えば、「貸したお金が返ってこない」や、「交通事故にあったので、相手に治療費などを賠償してほしい」といった内容をあつかいます。本人どうしでは解決できないときに、私たち裁判官が裁判を通して判断することにより、解決に導きます。一方、刑事事件では、罪を犯した疑いのある人が有罪か無罪か、有罪である場合どのような刑にするのかを判断します。

判決を言い渡すときには、「判決文」という文章を読み上げます。判決文には、事件の内容、当事者の言い分、認められる事実、裁判所の最終的な結論とその理由が書かれています。この判決文を作成するのも、裁判官の仕事です。私は、民事事件のうち裁判官3名で担当する「合議事件」について、裁判官3名で合議（議論）を行い、判決文のもととなる第1案を作成しています。私がつくった第1案を、同じ裁判を担当するほかの裁判官や、裁判長が目を通し、さらに合議をして、修正を加え、最終的に判決文を完成させています。

「ふだんは執務室で、事件の記録が書かれた資料を読んだり、判決文を書いたりしています」

Q どんなところがやりがいなのですか？

裁判官は、事件について、憲法や法律に基づき、自分の良心に従って独立して判断します。ほかの人からの指示や命令を受けることや、国会や内閣などの外部からの圧力を受けることもありません。多数決により国民の意思を政治に反映させることが多い国会や内閣とはちがい、裁判所は、少数者の権利を守る役割や、法律によってもめ事を解決する役割があります。公平・中立的な立場で、目の前の事件と向き合い、事件を解決することに、魅力とやりがいを感じます。

しかし、責任の重さも痛感しています。判決は、事件に関係する人の人生を大きく左右することがあります。また、社会に大きな影響をあたえることもあります。どのような事件であっても、慎重に判断しなければなりません。

また、民事事件には、判決のほかに当事者の話し合いで問題を解決する「和解」という終わり方もあります。しかし、両者が納得する解決方法を見つけ出すのは、簡単ではありません。たがいにゆずり合い、妥協点を見つけて問題が解決できたときも、大きな喜びを感じます。

白井さんのある1日

09:00	登庁
10:00	法廷で裁判の立ち合い
11:00	事件の資料を検討
12:15	ランチ
13:10	裁判で判決の言い渡し
13:30	裁判で当事者に質問する「本人尋問」、事実を証言する人に質問する「証人尋問」を行う。
16:30	合議。翌日に裁判がひらかれる事件について裁判官3名で議論する
17:00	判決文の作成
19:00	退庁

用語　※ 判例 ⇒ 過去の裁判で、裁判所によって行われた判断のこと。その後同じような裁判が行われるときに、判断の参考にされる。

Q 仕事をする上で、大事にしていることは何ですか？

もっとも大事にしているのは、公正な判断を行うことです。そのためには、裁判所に提出された資料をていねいに読み、事件の当事者の言い分をよく理解して、問題の核心は何か、実際にどのようなできごとがあったのか、それを裏づける証拠はあるのか、自分が下した最終的な結論は妥当か、その理由は説得力があるかなどを検討します。どのような事件であっても、判決文を作成するときには、負ける側が納得できる理由をしっかりと示すことを心がけています。

事件についてじっくりと考える時間をつくることも大切です。ひとりよがりのかたよった判断にならないよう、正しく判断をするためには、ほかの裁判官と合議をすることが必要です。

事件にはいろいろなものがあるため、裁判官には、はば広い知識と、ものごとを深く観察する力が必要です。裁判官としての能力を高める努力をしていきたいです。

- ろっぽうぜんしょ **六法全書**
- はんれいつ ろっぽう **判例付き六法**
- さいばんかん **裁判官バッジ**
- ほうふく **法服**
- いんかん ひっきぐ **印鑑・筆記具**

PICKUP ITEM

『六法全書』は、主要な法律の条文が書かれている。『判例付き六法』は、法律の条文に加えて主要な判例のおもな内容が書かれており、仕事をする上で欠かせない。裁判官バッジは、裁判官の証。判決文など書類を書いたときは、自分の名前を書き、印鑑を押す。法服は、裁判官の制服。裁判を行う「法廷」では必ず法服を着用する。

Q なぜこの仕事を目指したのですか？

小学生のころから、将来は人の役に立つ仕事、社会に貢献できるような仕事がしたいと思っていました。まじめに生きているにもかかわらず不合理にあつかわれてしまっている人や、困っている人を手助けしたいと考え、弁護士を目指すようになりました。考えが変わったのは、司法試験※に合格し、司法修習を受けたことがきっかけです。司法修習とは、「裁判官」、「検察官」、「弁護士」の資格を得るために行う研修のことです。私はそこで初めて裁判官が仕事をしている姿を見ました。裁判官が困難な事件を解決するため、悩みながらも、いきいきと働いている姿を目の当たりにして、裁判官という仕事にひかれました。

Q 今までにどんな仕事をしましたか？

裁判官になってから、ずっと民事事件を担当しています。事件の記録を読み、裁判に立ち合い、当事者に質問する本人尋問、証人に質問する証人尋問を行い、判決文を作成しています。事件が起きた現地に行き、裁判で必要な書類などの証拠を確保する証拠保全を行いました。また、罪を犯したと疑われている人を拘束するか判断する、逮捕状や勾留状などの令状発付も行いました。裁判の前に相手の財産を確保する民事保全の発令も行いました。

Q 仕事をする上で、難しいと感じる部分はどこですか？

裁判であつかう事件は、複雑で、解決が難しいものがたくさんあります。また、事件の関係者から提出された資料が、大量になることもあります。事件の内容をすべて理解し、判断することは難しいことです。しかし、資料を粘りづよく何度も読み返し、当事者や関係者の言い分や話をよく聞き、合議を入念に行うことにより、事件を正確に理解して、適切に判断することができます。また、裁判であつかう事件のなかには専門的な知識が必要である場合があります。事件の当事者から提出された専門分野に関する証拠や、専門家の意見を聞いて、未知の分野にも対応していきたいです。

用 語 ※ 司法試験 ⇒ 裁判官、検察官、弁護士になるための国家試験。

「裁判官はいつも難しい顔をしていると思われがちですが、そんなことはないんですよ」と笑う白井さん。

Q ふだんの生活で気をつけていることはありますか？

　新聞を読んだりニュースを観たりして、社会のできごとに目を向けています。そして、気になることがあれば何でも調べて理解するようにしています。

　ふだんの生活において特別な制限はありません。休みの日には買い物やスポーツを楽しんでいます。長期の休みには、旅行に出かけることもあります。

　ただし、裁判は、国民の信用のもとに成り立っているものであり、裁判官が社会のルールに反するようなことをして、国民から裁判所および裁判官の信用を失うことがあってはならないので、その点には十分に気をつけています。

Q これからどんな仕事をしていきたいですか？

　現在、民事事件を担当していますが、刑事事件も経験したいと考えています。東京地方裁判所などの大規模な裁判所には、専門的な分野の裁判をあつかう部門もあります。また、裁判官になって最初の10年間には、行政官庁や一般企業へ出向して働いたり、国が訴えられたときなどに代理人として働く訟務検事や、弁護士として働く機会、海外留学をする機会などがあります。さまざまな経験を経て、裁判官として一人前になるのが大きな目標です。

　裁判官が受けられる研修には、法律や裁判に関するものから、政治経済などが学べる研修まであります。

　裁判官としての視野を広げ、正しい判断力を身につけるため、私も積極的に参加したいと思っています。

小学生のころからサッカーが好きだった白井さん。サッカー審判員の資格も取得した。

同じ裁判を担当する裁判官と事件について議論。裁判で適切な判断をするためには議論が大切。

裁判官になるには……

　裁判官になるには、司法試験に合格しなければなりません。司法試験を受けるためには、法科大学院を卒業するか、司法試験予備試験に合格する必要があります。司法試験に合格後、約1年間の司法修習を受け、司法修習生考試に合格することで、裁判官になる資格を得られます。その後、裁判官（判事補）としての経験を約10年積むと、ようやく一人前の裁判官（判事）として認められます。

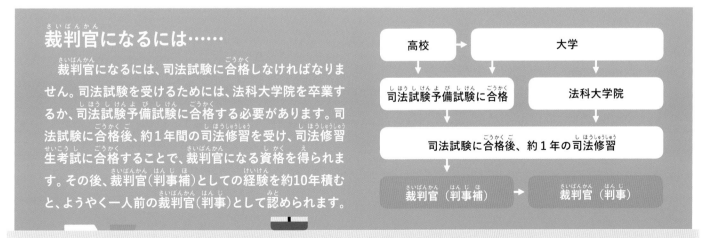

高校		大学
司法試験予備試験に合格		法科大学院

司法試験に合格後、約1年の司法修習

裁判官（判事補） → 裁判官（判事）

※ この本では、大学に短期大学もふくめています。

Q この仕事をするには どんな力が必要ですか？

正しい判断をするには、事実をとことん追求する根気と責任感、最後までやりぬく、強い精神力が必要です。

さらに、人の意見をしっかり聞き、それぞれの立場になって考えられることも大切です。その上で、感情に流されないで、冷静に判断する力も重要です。

「疑問に思ったことは、さまざまな資料を見て、調べつくすことが大事」という白井さん。

白井さんの夢ルート

小学校 ▶ 美容師・弁護士

手に職をつけたいと思っていた。

▼

中学校・高校 ▶ 弁護士

純粋に法律に興味があった。祖父が簡易裁判所の判事をしていたことにも影響を受けた。

▼

大学・法科大学院 ▶ 弁護士、検察官、裁判官

大学や、法科大学院で出会った弁護士、検察官、裁判官にあこがれたが、どれになりたいか決められていなかった。

▼

司法修習 ▶ 裁判官

初めて裁判官が実際に仕事をしている姿を間近に見て、いきいきと働く姿に魅力を感じた。

Q 中学生のとき、 どんな子どもでしたか？

スポーツが大好きで、いちばんの得意科目は体育でした。体育祭が楽しみで、リレーや大縄跳びでがんばったこと、みんなでソーラン節※をおどったことが印象に残っています。

部活動はサッカー部で、3年生のときにはキャプテンをつとめました。みんなのやる気を引き出すにはどうしたらよいかを考え、ゲーム形式の練習を取り入れるなど、いろいろな工夫をしました。

勉強はコツコツ取り組めば少しずつ結果が出ることに気づき、楽しさを感じていたのではないかと思います。

部活後の塾は、友だちに会えることが楽しみでした。平日は、部活動が終わった後すぐに塾の自習室へと向かうのが日課でした。

スポーツも勉強も、全力で取り組むことを心がけていたように思います。その日その日を一生懸命に過ごそうとする気持ちをもち続けたいです。

サッカーは小学生のときから、高校3年生まで続けるほど熱中した。

リーダーとしてみんなをまとめる機会も多かった白井さん。どうすればみんなのやる気が上がるのかを、いつも考えていた。

用語 ※ソーラン節 ⇒ニシン漁で歌われていた北海道・日本海沿岸地域の民謡。網ですくい上げるときに歌われる「沖揚げ音頭」のひとつ。

Q 中学のときの職場体験は、どこに行きましたか？

中学2年生のときに、地元の電力会社へ行きました。数日間、電力の強さを変える変電所の見学をしたり、会社の説明を聞いたりしました。

Q 職場体験ではどんな印象をもちましたか？

仕事に対するプロとしての責任感を強く感じました。

変電所のなかには、精密で複雑そうな機器がいくつもあり、電力会社の人たちは、そのひとつひとつをきっちりと点検しながら仕事をしていました。

私はそれまで、当たり前のように電気を使っていました。しかし、電気が使えるのは、電気を安定的に供給している電力会社があって、そこで働いている人たちが設備を守ってくれていたからだということがわかりました。そして、専門的な技術を身につけて仕事をしている人たちが、とても魅力的に見えました。

小学生のころから、何かの道のプロになりたいと思っていた私には、強く印象に残る職場体験でした。プロとして使命感をもって仕事に取り組むことの大切さは、このときに学んだと思います。

Q この仕事を目指すなら、今、何をすればいいですか？

裁判官になるには、大学などで数年間かけて法律を学び、司法試験に合格する必要があります。そのため、勉強や部活動、趣味など、目の前のことに全力で取り組み、がんばる習慣を身につけておくとよいと思います。

また、社会の役に立ちたいという気持ちや、純粋な正義感を大切にしてほしいです。

人を思いやる温かい心も大切だと思います。ふだんから友だちや家族を大事にしてください。裁判官になるための大きな一歩となるはずです。

－ 今できること －

ふだんの暮らし

家族や友人を大切にすること、勉強をがんばること、新しいことに挑戦すること、苦手なことを克服しようとしたことなど10代のさまざまな経験は、裁判官になったとき、きっと役に立つでしょう。

また、裁判に少しでも興味がある人は裁判所を訪れてみるのをおすすめします。「傍聴」といって、実際の裁判を見学することができます。傍聴は年齢制限がないので、中学生でも見学できます。実際の裁判での裁判官の仕事のようすを見ると、参考になるでしょう。

国語

公正な判決をするためには、事件の記録を正しく読みとり、判決文を作成する必要があります。総合的な国語の力は必要不可欠となるでしょう。

社会

裁判では、社会におけるさまざまなできごとが問題となります。テレビニュースや新聞などを見て、世の中で起きているできごと、犯罪や話題となっている裁判について知ることも大切です。

英語

今後、国際的な事件は増えていくでしょう。将来、英語を使って裁判が行われることも考えられます。海外の法律や、制度を調べるときにも、英語を使う機会は増えていくと考えられます。きちんと学んでおきましょう。

弁護士

Attorney at Law

長島・大野・常松
法律事務所
大島日向さん
入社3年目 28歳

さまざまなトラブルから
依頼者の利益を
法律によって守ります

弁護士は犯罪の疑いをかけられた人の意見を裁判官や検察官に伝えたり、相談をしてきた人の権利や、利益を法律によって守ったりします。そんな弁護士の仕事について、「長島・大野・常松法律事務所」で働く、大島日向さんにお話をうかがいました。

Q 弁護士とはどんな仕事ですか？

個人や会社からの依頼を受け、さまざまな問題を、法律をもとに解決する仕事です。

裁判の場合、刑事事件では疑いをかけられた人を弁護し、裁判官に無罪、もしくは罪を軽くすることを求めます。民事事件では、依頼人の意見を、法律に基づいて主張します。私が働いている法律事務所で多いのは、おもに会社からの依頼です。裁判をする場合もありますが、私は会社と会社がおたがいに約束をする内容をまとめた契約書や、会社内のルールをつくる仕事をしています。

例えば、会社どうしが合併してひとつの会社になったり、協力関係を結んだりするときは、会社の人に代わって、話し合いを進めたり、契約書の作成をしたりします。会社が合併するときは、法律に照らし合わせて問題がないか確認する以外にも、さまざまなルールをつくらなければなりません。起こるかもしれない問題を洗い出し、その解決方法をひとつひとつ決めて、契約書にまとめます。

また、会社が新しい活動を始めようとするときに、法律的に問題がないか確認してほしいと依頼されることもよくあります。とくに、AI※を使った仕事や、宇宙開発に関わる新しい分野の産業では、まだ法律がしっかり整備されていないものも多くあります。その場合、何をしたときは問題がなくて、何をしたときは違反になるのか、法律には書かれていません。そこで弁護士が、今までの法律を参考にしながら、よし悪しを判断し、契約書にまとめるのです。

何件もの仕事を担当する大島さん。「将来法律になるかもしれないルールを自分がつくっていると考えるとわくわくします」

Q どんなところがやりがいなのですか？

自分の言葉と考えで、依頼者の力になることができることです。依頼される問題のほとんどは、法律を単純にあてはめただけでは解決できません。簡単に解決できないからこそ、弁護士が必要だともいえます。

法律の読み取り方や契約書のつくり方には正解がありません。過去にあった似ている問題や、裁判の記録などを調べ、考えぬき、もっとも正解に近いと思う答えを出さなければなりません。大変ですが、そのぶん、依頼者から「ありがとう」と感謝されたときの喜びはとても大きいです。

大島さんのある1日

09:30 自宅でメール確認。すぐに返答をする必要があれば、出勤前に返信する
▼
10:30 出社。もう一度、メールを確認する
▼
11:00 契約書に関わる部分でわからないところを、会社のなかにある図書室で調べる
▼
12:00 ランチ
▼
13:00 担当する事件の裁判手続きをしに裁判所へ行く
▼
14:00 会社にもどってメールの確認
▼
14:30 依頼者と契約書の内容の打ち合わせ
▼
16:00 打ち合わせした内容をもとに契約書の修正を行う
▼
18:00 打ち合わせ。別の依頼者からの新たな相談内容を、いっしょに担当する弁護士と確認する
▼
21:00 英会話の勉強。会社のなかで行われていて、希望すると受けられる
▼
22:00 夕食
▼
22:30 メールを確認後、退社

用語 ※ AI ⇒ Artificial Intelligence（人工知能）の略。
人間のように学習し、学習したことをもとに推測・判断のできるコンピューターシステムのこと。

Q 仕事をする上で、大事にしていることは何ですか？

尊敬する先輩の弁護士から言われた、「知識ではなく納得を提供せよ」という言葉を大切にしています。

法律は読み取り方として、「Aとも考えられるし、Bとも考えられる」という場合が多くあります。これを依頼者にそのまま伝えるのでは、単純に法律の知識を見せているだけになってしまいます。いくつかの選択肢があるときは、どれを「答え」として伝えることが、目の前にいる依頼者にとってよいことなのかを、考えなければいけません。

そのため、Aを選ぶとどうなるか、またはBを選ぶとどうなるかを調べ、依頼者が納得できる答えを用意することを大事にしています。

また、人とのコミュニケーションも大切にしています。考えなければいけない問題がたくさんある依頼の場合、ほかの弁護士や専門家とチームを組むことがあります。人の意見をよく聞き、自分の意見を伝えることは、最善の答えを見つけるためにとても大切なことです。

会社のなかにある図書室。わからないことは、関連する資料や論文を読んで調べる。

Q なぜこの仕事を目指したのですか？

名前は忘れてしまったんですが、中学生のときに読んだ犯罪に関する法律の本に感動したのがきっかけです。

本には、「砂糖を飲ませれば人を殺せる」と思っている人が、だれかに砂糖を飲ませたら罪に問えるのか、という議論が書いてありました。

だれかに毒を飲ませた場合、飲ませた人には殺人罪、または殺人未遂罪が疑われます。しかし、砂糖を飲ませた場合は、たとえ飲ませた人に殺意があろうとも、科学的に人が死ぬ方法ではないため罪に問われません。私は、簡単には答えがでない問いを、いろいろな角度から深く考えるこの議論に興味をひかれ、法律を勉強してみたいと思うようになりました。

初めは法律の研究者を目指しました。しかし勉強するうちに、研究ではなく、困っている人のために活用したいと考えるようになり、司法試験を受けました。弁護士を選んだのは、AI技術を使ったビジネスや、宇宙開発にたずさわるビジネスなど、新しい分野で事業を行っている会社のルールづくりに関わってみたかったからです。

Q 今までにどんな仕事をしましたか？

会社が新しい活動を始めるときなどに、法律的に問題がないか確認し、契約書やルールづくりをする仕事をしてきました。なかには、新聞やニュースで取り上げられるような大きな会社からの依頼もありました。

また、スマートフォン用のアプリ※の利用規約の作成なども行いました。利用規約をつくったゲームで友だちが遊んでいるのを見たときは、うれしかったです。

そのほか、法律を子どもにも読みやすく書いた『こども六法』という本の監修も手伝いました。監修というのは、内容にまちがいないか、確かめる仕事です。

大島さんが監修を手伝った『こども六法』。

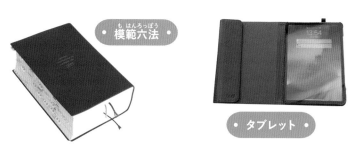

模範六法

タブレット

PICKUP ITEM

『模範六法』は、法律について書かれた辞書のようなもの。「憲法」「民法」「刑法」「会社法」など、いろいろな法律がのっている。こうした法律に関する辞書にはアプリ版もあるので、外出時にはタブレットを持ち歩いている。

用 語 ※ アプリ ⇒ アプリケーションソフトウェアの略。スマートフォンやタブレットなどで使用するもの。

Q 仕事をする上で、難しいと感じる部分はどこですか?

　正解が見えない問題をあつかっているときに、難しいと感じます。

　私のつとめている事務所には、これまでなかったような新しい仕事を始めるときの相談が多くもちこまれます。前例もなく、この先どんな法律的問題が起こるかわからないなかで、会社のルールをつくったり、契約書をつくったりすることは本当に難しいです。

　しかし、途中で投げ出すわけにはいきません。依頼者の利益に結びつき、納得してもらえる答えが出せるまで、何としてもやりぬく、という強い気持ちと体力が必要です。つらいと思うこともありますが、同じようにがんばっている仲間たちの存在にはげまされています。

Q ふだんの生活で気をつけているうことはありますか?

　話す相手によって説明の仕方を変えるように気をつけています。私は弁護士なので、どうしても結論から先に伝えるくせが身についています。しかし、人によっては説明や自分の考えから先に話し、最後に結論を伝えた方が理解してもらえる場合もあります。

　そのため、人と会話をするときは、内容を聞きながら、同時に相手がどのように話すかにも注意しています。私の経験上、話の組み立て方を相手と同じようにすることが、もっとも伝わりやすい話し方になることが多いと思っています。

Q これからどんな仕事をしていきたいですか?

　現在、もっとも興味をもっているのが宇宙法です。国際的な取り決めはすでにありますが、宇宙旅行や人工衛星を活用した新たな事業が次々に生まれているため、これまでのルールでは対応できない問題が出てきています。そういう問題にいちはやく取り組むことで、新しい事業を立ち上げる人たちの力になりたいと考えています。

　すでに今も、宇宙に関心のある弁護士たちと研究会を開いていますが、近いうちに海外の大学院へ留学して、より深く学ぶことが目標です。

　また、宇宙法だけでなく、今までになかった問題を解決するルールづくりもしていきたいと思っています。法律をつくるのは国会ですが、草案※には、実際にその法律を使う弁護士の意見が影響します。積極的に新たな分野に関わり、新しいルールの道筋を示していきたいです。

宇宙法に興味があるという大島さん。『弁護士による宇宙ビジネスガイド』では著者のひとりとして参加した。

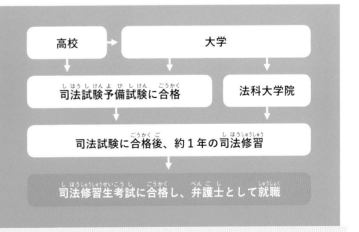

弁護士になるには……

　まずは、法科大学院を卒業するか、司法試験予備試験に合格し、司法試験の受験資格を得ましょう。司法試験に合格後は、約1年間の司法修習を受けることになります。そして、最後に行われる司法修習生考試に合格することで、ようやく弁護士になることができます。多くの弁護士は法律事務所に所属していますが、なかには企業や地方公共団体などで活動している人もいます。

```
高校 → 大学
 ↓        ↓         ↓
司法試験予備試験に合格   法科大学院
         ↓        ↓
司法試験に合格後、約1年の司法修習
         ↓
司法修習生考試に合格し、弁護士として就職
```

用語　※ 草案 ⇒ 法律や規則といった文章の下書き、最初の案のこと。

弁護士の証のバッジ。「自由と正義」を象徴するひまわりの花の中心に、「公正と平等」を表わす天秤がデザインされている。

Q この仕事をするにはどんな力が必要ですか？

何よりも必要なのは、自分の考えていることをわかりやすく相手に伝える力です。交渉や裁判でも、依頼者の利益を守るためには主張するべきことを、はっきりと、わかりやすく伝えなければなりません。

説得する力をつけるためには、いろいろな見方ができる広い視野と、わからないことをそのままにしない好奇心が必要です。また、世の中のいろいろな問題に関心をもつことも大事だと思います。

会社の問題をあつかう弁護士を目指すのであれば、英語力も必要です。今は日本の会社でも外国人はたくさんいますし、本社が海外にある、外国の会社も多いからです。

Q 中学生のとき、どんな子どもでしたか？

中学生時代はサッカー部に入っていて、サッカーづけの毎日でした。そのため、家で勉強する時間はほとんどありませんでした。

そのかわり、授業は集中して聞くようにしていました。わからないことがあれば必ず先生に質問し、わからないままにはしませんでした。得意だった科目は国語と数学で、英語と社会は苦手でした。

また、本を読むのがとにかく好きでした。両親が本好きだったこともあって、いっしょに出かけると必ず書店に寄っていました。両親からも、「本だけは何でも買ってあげる」と言われていたので、マンガや小説、少し背のびして工学や哲学などの本も手にとっていました。マンガはいつも買ってもらえるわけではありませんでしたが、それ以外なら、本当に何でも買ってもらえました。

とはいえ、最初の数ページだけ読んで、あとは理解できずに本棚にしまったものが数えきれないほどあります。今思えば、難しそうな本を並べることで満足していたのかもしれません。ただ、弁護士を目指すきっかけとなった法律の本に出合えたのは、こうした環境のおかげなので、両親にはとても感謝しています。

大島さんの夢ルート

小学校 ▶ 科学者

世の中の不思議なことを、解き明かしたかった。

▼

中学校・高校 ▶ 法律関係

中学時代に読んだ本をきっかけに、法律を学びたいと思うようになった。

▼

大学 ▶ 弁護士

法律の研究者になることも考えたが、法律を活用する仕事に興味をもった。

サッカーに明け暮れた中学生時代。それでも、時間があくと本を読んでいた。難しそうな本をよく買っていたが、なかでも宇宙をテーマにした本が好きだった。

宇宙もの以外にも、星新一さんの『ボッコちゃん』、『空想科学読本』が好きで、よく読んでいた。

Q 中学のときの職場体験は、どこに行きましたか？

職場体験ではありませんが、授業のひとつとして、本物の裁判をまねた模擬裁判に参加する機会がありました。ふたりの弁護士が教えに来てくれて、弁護士役を体験しました。また、本物の裁判も傍聴に行きました。

Q 模擬裁判ではどんな印象をもちましたか？

模擬裁判のテーマは殺人事件でした。明らかに被告人※が行ったと思えるような証拠がありながら、無罪を主張するという設定です。私は「どう考えても弁護のしようがない」と思いました。しかし、教えに来てくれた弁護士の人は、証拠がまちがっている可能性をあざやかに示してみせたのです。わずかな可能性を一瞬で見ぬき、それを言葉にして論理的に説明する、弁護士の仕事の奥深さを感じました。

本物の裁判を見たときは、たんたんと裁判が進むことにおどろいたのを覚えています。麻薬を使ってしまった人の事件だったのですが、後ろの席で泣いている家族の姿を目の当たりにしてショックを受けました。このふたつの経験が、法律の道へ進みたいという気持ちを後押ししてくれたと思います。

Q この仕事を目指すなら、今、何をすればいいですか？

まずは、いろいろなことに興味をもってください。勉強でも遊びでも、知らない世界に対する好奇心を絶やさないことをおすすめします。100個試して99個あきたとしても、夢中になれた1個が、将来役に立つかもしれません。

法律の仕事がしたいとすでに思っているのであれば、学校の規則などを読んでみて、「このルールはなぜあるのか」と考えてみてください。ルールは時代や文化によって変わります。そのため、なぜそう決まったのかを考えると、ルールの大切さがわかるはずです。また、そうした習慣を身につけることは、法律家としての訓練にもなりますよ。

新しい挑戦をする人たちを法律面から応援できることがうれしいんです

－ 今できること －

ふだんの暮らし

最善の答えを出すためには、書類や過去に起きた似たような事件の資料など、さまざまな情報を読んで調べる必要があります。そのため、ふだんから新聞や本などを読む習慣を身につけましょう。読むときは、文章のなかでどの部分が重要なのか考え、自分の知識にないことを補うつもりで読むと勉強になります。

また、弁護士は依頼者の利益を守る仕事です。ふだんから、相手の気持ちを考えて行動し、もし友だちが困っているのを見たら、相談にのるようにしましょう。

国語
テーマを決めて、説明や発表に挑戦してみましょう。調べた内容と自分の意見をうまくまとめ、聞き手に伝わりやすい話の構成を目指しましょう。

社会
弁護士は、会社から仕事についての相談を受けることがあります。経済や金融の仕組みを学び、会社がどのような役割を果たしているのか、考えてみましょう。

理科
科学や宇宙などの理系の専門知識があると、担当できる案件のはばが広がります。

英語
依頼者は、日本人だけとはかぎりません。日本に進出している企業や、日本に住む外国人からの依頼にも対応できるように、きちんと学びましょう。

用語 ※被告人 ⇒ 検察官から罪を犯した疑いがあると判断され、裁判にかけることを裁判所に求める「起訴」をされた人のこと。

検察官
Prosecutor

東京地方検察庁
沖あずささん
任官5年目 30歳

事件の真相を
明らかにして、被疑者※を
裁判にかけるか
判断しています

検察官は、検察庁につとめる国家公務員です。法律の専門家としての立場から犯罪や事件の捜査をし、犯人の疑いがある人を裁判にかけるかどうかを決めるのが仕事です。東京地方検察庁で検察官として働く、沖あずささんにお話をうかがいました。

用語 ※ 被疑者⇒警察や検察といった捜査機関から、罪を犯した疑いをかけられている人のこと。

Q 検察官とはどんな仕事ですか？

検察官の仕事は大きく分けてふたつあります。罪を犯した疑いがある人を裁判にかけるか判断する仕事と、裁判で被告人が犯罪を行ったことを裁判官に証明し、適切な判決を求める仕事です。

犯罪が起きると、まずは警察が犯人を探したり、犯罪の証拠を集めたりといった捜査をします。犯人と思われる被疑者を捕まえ、証拠がそろうと、警察は、私たち検察官が働く検察庁に、事件の内容を記した証拠と被疑者を送ります。これを「検察官送致」といいます。

検察官は、警察から送られてきた証拠をもう一度検討します。そして被疑者の取調べを行い、その人が本当に犯人なのか、証拠は、その人がやったことをきちんと証明できる内容になっているかなどを、法律と照らし合わせて判断するのです。もしおかしいと思うことがあれば、事件現場に行って自分の目で確かめる場合もあります。

被疑者が犯人であるという証拠が十分にあると判断したら、次は裁判を行うことを、裁判所に求めます。これを「起訴」といいます。そして、この段階から、被疑者のことは、「被告人」と呼ぶようになります。

反対に、「犯人とするには証拠が不十分」、または「犯罪を行ったことは認められるが、さまざまな事情を考慮して、今回は起訴を見送る」と判断した場合などは、「不起訴」といって、裁判を行う手続きをしません。

このように起訴するかどうかを決められるのは、国から検察官だけにあたえられた権限です。

裁判では、裁判官へ証拠について説明して、裁判所に証拠を提出したり、被告人に質問をしたりして、事実を明らかにしていきます。そして、被告人に対し、どのくらいの刑罰をあたえるべきか、裁判官に意見を述べるのも、検察官の重要な仕事のひとつです。

検察官による取調べの模擬風景。検事※である沖さんの前に座るのが被疑者で、横に座るのが検事を補佐する、検察事務官。

Q どんなところがやりがいなのですか？

被疑者を起訴するかどうか決める権限をもつのは検察官だけです。本当は犯人なのに、証拠が十分でないまま裁判にかけ、無罪になってしまったら大変です。反対に、当然のことですが、本当は犯人ではないのに起訴をするようなことがあってはなりません。人の人生を左右する重大な責任がともなうので、プレッシャーはとても大きいですが、それだけにやりがいもあります。

個人的に怒りを覚える被疑者や、許せない事件はいくらでもあります。しかし、検察官の仕事は個人の怒りをぶつけることではありません。犯罪をにくむからこそ、どうして事件が起きたのか冷静に事実を明らかにするのです。

中立・公平な立場から真実のために働く検察官の仕事を、私は誇りに思っています。

沖さんのある1日

09:00	登庁。メールをチェックする
09:30	警察から送られてきた書類や証拠におかしな点や足りない点がないか確認する。疑問点があれば警察に確認したり、事件現場に直接行って捜査したりすることもある
12:00	ランチ
13:00	起訴する事件を上司に報告する 裁判所に求める刑罰が、罪に対して適切か、話し合うこともある
14:00	被疑者の取調べ。証拠を前提に、再び法律に照らし合わせながら被疑者本人を取り調べる
16:00	被疑者を起訴するときに、裁判所へ提出する「起訴状」を書く
17:00	別の事件の被疑者の取調べ
19:30	次の日の予定を確認してから、退庁

用語　※ 検事⇒検察官の官名のひとつ。検察官は、検事総長、次長検事、検事長、検事、副検事に分かれている。

Q 仕事をする上で、大事にしていることは何ですか？

無実の人を罰したり、真犯人が罪をまぬがれたりといったことがないように、事件の真相を見極めることを最優先に仕事をしています。

真相を見極めるために重要なのは、思いこみをもたないことです。思いこみは、判断を誤る最大の原因です。以前あった事件と似ているからといって、「今回もこうだろう」と考えてはいけません。関係者の話をよく聞いて、証拠を確認し、事実だけを見るようにしています。

とくに、話をよく聞くことは大切です。話のなかで少しでも疑問に感じたことは、納得するまで被疑者や被害者に聞きます。そのため、事件によっては、1回の取調べに半日かけることも、めずらしくありません。

Q なぜこの仕事を目指したのですか？

子どものころから、どんなことが起きても自分の力で生きていける女性になりたいと思っていました。そのためには何かの資格が必要だと思い、興味をもったのが、法律に関わる資格でした。セリフを覚えるくらい好きだったマンガの『名探偵コナン』や、法律をあつかったテレビ番組の影響もあったかもしれません。なかでも弱い立場の人の味方として戦う弁護士にあこがれました。

気持ちが変わったのは、司法試験合格後に行われる約1年間の司法修習が終わろうとするころです。検察官が実際に働く姿を初めて見て、どれだけ慎重に証拠を調べ、判断しているかを知りました。自信をもって出した答えで裁判に向かう検察官の仕事は、何事も妥協をしたくないと思う自分の性格にぴったりだと感じ、この仕事を目指すことに決めました。

裁判所に提出する書類をチェックする沖さん。書類の内容に責任をもつ印として、印鑑を押す。

Q 今までにどんな仕事をしましたか？

検察官になって最初の1年間は、大阪地方検察庁で働きました。半年間は裁判に立ち会って事件の内容を明らかにする「公判部」に、もう半年間は、証拠を検討したり捜査をしたりする「刑事部」に所属しました。検察庁は全国にありますが、東京都や大阪府などの大都市では事件が多いため、このように捜査担当と裁判担当に分かれて仕事をしています。最初は右も左もわかりませんでしたが、先輩や上司に助けてもらいながら仕事をしました。

2年目は、長野地方検察庁に異動となりました。そこでは担当が分かれていなかったので、捜査から裁判までひとりで担当しました。長野地方検察庁には2年間いたのですが、複雑な事件を担当したり、女性検察官として性犯罪の事件を担当したりしました。また、裁判員裁判 ※ の対象となる事件もまかされるなど、とても勉強になる2年間でした。

その後、東京地方検察庁に異動となり、今は刑事部で働いています。

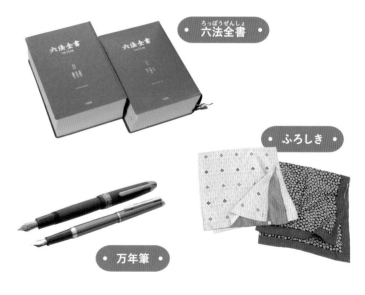

● 六法全書 ●
● ふろしき ●
● 万年筆 ●

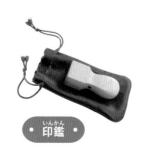

● 印鑑 ●

PICKUP ITEM

『六法全書』は、6つの分野からなる法律を記した本。被疑者の犯した行動がどんな罪にあたるか、この本を基に考える。ふろしきは、事件に関係する書類や資料を持ち運ぶときに使う。書類や資料はたくさんあるので、包んでまとめられるふろしきを愛用する検察官は多い。重要書類には、書かれた内容に責任をもつことを示すため、万年筆で名前を書き、検察官の印鑑を押す。

用 語　※ 裁判員裁判 ⇒ 抽選で選ばれた20歳以上の一般市民が裁判員として参加し、裁判官といっしょに被告人の有罪・無罪、刑の重さを決定する裁判。殺人などの重大な事件の裁判で行われる。

Q 仕事をする上で、難しいと感じる部分はどこですか?

適正な捜査をするためには、被疑者だけでなく、被害者にも話を聞かなくてはならない場合が多くあります。思い出したくない話を何度もしてもらったり、裁判で話をしてもらったりしなければなりません。この仕事をしているなかでつらく、申し訳ないという気持ちになる瞬間です。

そんなときは、「きちんと刑罰を受けさせるために、がんばりましょう」と声をかけ、話しやすい雰囲気をつくったり、話ができる状態になるまで待ったりします。また、裁判でできる限り話さなくてすむように、だれから見てもわかる証拠を集めたり、被疑者に真実を話させるよう取調べで追及するなど、検察官としてやれることに全力をつくしています。

Q ふだんの生活で気をつけていることはありますか?

検察官はいろいろな人のプライバシーに関わる情報をたくさんあつかっているので、仕事の話は外でしません。どんなにささいなことでも、事件に関わることは話すべきではないと考えるからです。

そもそも検察官は、国家公務員です。国家公務員は、仕事で知った秘密をもらしてはならないと法律で定められています。例えば、美容室で髪の手入れをするとき、美容師さんに、「どんなお仕事ですか」と聞かれることもあります。そんなときも、自分が検察官であることは明かさないようにしています。

Q これからどんな仕事をしていきたいですか?

検察官には、「冷たくて人間味のない人」のイメージがどうしてもつきまといます。被告人への刑罰を裁判所に求める立場であるため、厳しく罰しようとしている印象があるのかもしれません。

しかし、検察官は被害者だけのために働くわけではありません。中立・公正な立場から真実を明らかにするために働くのが検察官です。

検察官になるとき、父から「血も涙もある検事になれ」と言われたことがあります。適正でない刑罰で被疑者を追いつめたり、被害者につらい思いをさせたりしないために、被害者と被疑者の両方にきちんと接し、それぞれの思いに寄りそって、正しい判断ができる検察官になりなさいと父は伝えたかったのだと思います。私は、そんな「人間味のある検事」であり続けたいです。

沖さんがつとめる東京地方検察庁。地方検察庁は全国に50か所ある。

検察官になるには……

まずは、司法試験の合格を目指しましょう。司法試験を受けるには、法科大学院を卒業するか、司法試験予備試験に合格する必要があります。司法試験合格後は、約1年間の司法修習を受けることになります。その後、最後に行われる司法修習生考試に合格すると検察官になる資格が得られます。そして、法務省が行う採用試験に合格すると、ようやく検察官になることができます。

```
高校  →  大学
         ↓        ↓
司法試験予備試験に合格   法科大学院
         ↓        ↓
司法試験に合格後、約1年の司法修習
         ↓
検察官として任官(就職)
```

Q この仕事をするには どんな力が必要ですか？

「悪を許さない」という熱意は大切ですが、怒りの感情をコントロールできる冷静さも必要です。そうでなければ、正しい判断ができないからです。

また、コミュニケーション能力も欠かせません。検察官は、被疑者にも被害者にも、基本的に話しづらいことを聞かなければなりません。そのため、この人になら話してもよいと思ってもらえるように、相手を思いやりながら話を聞くことが大切なのです。どんなに凶悪な犯罪の被疑者でも、こちらが見下した態度をとれば、真実を話してはくれません。人として接して、信頼関係を築くことが重要です。

沖さんは兵庫県宝塚市の出身。関西出身の被疑者に話を聞くときは、相手が話しやすいように関西弁で話すこともあるという。

沖さんの夢ルート

小学校 ▶ 弁護士

本やテレビ番組の影響で弁護士になりたいと親に言ったところ、とても喜んでくれたため、弁護士が夢になった。

▼

中学校 ▶ 弁護士

夢を聞かれると「弁護士」と答えていたが、思春期で親への反抗心もあり、別の道に進みたいとも考えていた。

▼

高校 ▶ 化学者

化学の授業が楽しくて化学者に興味をもった。しかし、物理の勉強が難しく理系の仕事はあきらめた。

▼

大学・大学院 ▶ 弁護士

法学部に進んだので、このまま弁護士になるのだろうと何となく思っていた。

Q 中学生のとき、 どんな子どもでしたか？

ふだんはあまり勉強せず、親に言われてようやく机に向かうタイプでした。また、本を読むこともきらいだったので、国語は苦手でした。

得意だったのは、数学と英語です。とくに英語は好きで、部活動も英語劇などを行う「ESS」に所属していました。演劇の才能はなかったと思いますが、授業以外で英語を使うのが楽しくて続けていました。顧問の先生が外国人の先生だったので、英語で会話しようとがんばって勉強していたのはよい思い出です。

学校行事は体育祭がいちばん好きでした。私が通っていたのは中高一貫の女子校で、6年間を通して同じチームだったので、チームの団結力が強くて、すごく盛り上がるんです。おそろいのTシャツをつくり、みんなで着て応援するのがとても楽しかったです。

個人的には4歳からマリンバという木琴に似た楽器を習っていました。文化祭で行われるクラシックコンサートの出場者を決める、校内オーディションがあったのですが、私はマリンバで合格し、演奏することができました。これもなつかしい思い出です。

マリンバを弾く沖さん。「検察官になってからはいそがしくて練習できませんが、余裕ができたら、また弾きたいです」

Q 中学のときの職場体験は、どこに行きましたか？

中学3年生のときに、いろいろな事情で親といっしょにいられない子どもたちが暮らす児童養護施設へ行きました。

また、職場体験ではありませんが、年に何回か卒業生による「キャリア講演会」が開かれることもありました。医師や建築士、音楽家など、さまざまな分野で活躍している人が話をしに来てくれたのを覚えています。

Q 職場体験ではどんな印象をもちましたか？

児童養護施設に行く前は、「子どもと遊べて楽しそう」と思っていましたが、実際に行ってみて自分のまちがいに気づきました。施設にいる子どもたちは、さまざまな思いをかかえて暮らしています。そのため、職員の人たちも子どもとのふれ合い方に、かなり気をつかっていました。それを見て、自分がふだん過ごしている生活は、けっして当たり前ではないんだということを強く感じました。

キャリア講演会では、「女性でもこんなに活躍している人がいるんだ」と感じたのを覚えています。男性が中心の職場でも、女性ならではの視点で活躍している人がいることを知り、仕事をする勇気をもらいました。

Q この仕事を目指すなら、今、何をすればいいですか？

検察官は多くの人の人生と関わるので、いろいろな経験をして、さまざまな考え方やものの見方ができるようになっておくとよいと思います。そうすれば、会話の引き出しを増やすことにもつながります。

経験を増やすためには、何にでも挑戦することが大切です。私は、中学生時代からずっと、確実にできることや、結果が想像できることを選びがちでした。そんな私にとって、小さいころから想像していた弁護士ではなく、検察官の道に進むことは大きな挑戦でした。しかし、挑戦したおかげで悔いが残らず、全力で仕事をすることができています。

被害者と被疑者両方にきちんと接し心をこめて正しい判断をします

－ 今できること －

ふだんの暮らし

人が本当に罪を犯したかどうかを見極めるには、被疑者や被害者から聞き出す情報が重要です。人と話をするときは、ささいなことでも聞きのがさず、話の内容を理解するように心がけましょう。もし、友だちどうしがけんかをしているのを見かけたら、両方の話をよく聞き、けんかの原因をいっしょに考えてみてください。そして、公平な立場で解決しましょう。

また、委員会活動や生徒会活動に参加し、さまざまな課題の解決に取り組む経験も、将来役に立つでしょう。

国語
被疑者や被害者から事件について話をしてもらうには、相手を尊重して聞く姿勢が大切です。本を読み、登場人物の気持ちを想像し、おもんぱかる心を育てましょう。

社会
日本国憲法の基本的な考え方を理解し、私たちの社会が法に基づいて営まれていることを学びましょう。また、身近に起きた事件や、裁判について考えてみましょう。

数学
ひとつひとつ証拠を積み重ね、論理的に判断していく検察官の仕事には、数学的な思考力が役に立ちます。

英語
外国人を巻きこんだ犯罪は増えています。取調べや裁判では通訳人がつきますが、個人でも英語で語りかけ、気持ちをほぐしてあげられるとよいでしょう。

弁理士

Patent Attorney

志賀国際特許事務所
田中研二さん
入社7年目 30歳

優れたアイデアや
発明を、価値あるものと
認めてもらう仕事です

優れた発明がぬすまれたり、まねをされたりしない
ようにするには、自分の持ち物であることを証明し
て国に登録をする必要があります。その手続きを
するのが弁理士です。志賀国際特許事務所で働い
ている、田中研二さんにお話をうかがいました。

Q 弁理士とはどんな仕事ですか?

すばらしいアイデアや発明には、お金と同じように価値があります。この価値を「知的財産」と呼びます。そして、知的財産を生み出した人や会社には、そのアイデアや発明を自分のものとして使う権利が法律で認められています。

権利には、生み出すものによってそれぞれ名前がついています。例えば、本や音楽に関するものには「著作権」、商品のロゴマークや商品名に関するものには「商標権」、技術に関するものには「特許権」などです。

これらの権利は、著作権など一部を除き、すぐにもらえるものではありません。国の機関である特許庁に出願し、知的財産と認められて初めて権利があたえられます。

出願して認められるためには、さまざまな準備をしなければいけません。そのアイデアや発明が、本当にその人や会社が考えたものか証明する必要があるからです。そのためには、どんなところが新しいのかなどをまとめた書類を作成し、提出する必要があります。すでに同じものが知られていたり、知的財産として登録されていたりしたら、登録が認められないため、過去に同じものがないかを調べる必要もあります。

例えば「特許権」の場合、新しい技術が毎日のように生み出されているなか、どこからどこまでの技術を発明として出願すれば特許権が認められるのか、出願する技術のなかに、以前からある技術がふくまれていないかといったことを見極めるのはとても大変な作業です。

こうした複雑な「知的財産権」の手続きを、出願したい人や会社に代わって行うのが弁理士のおもな仕事です。

また、権利の所有者以外が勝手にアイデアや発明を使った場合に、使用をやめさせるよう裁判所に訴えて、権利者を守るのも仕事のひとつです。

特許の出願をするため、毎日たくさんの専門書を読み、調べ物をし、書類をつくる。

Q どんなところがやりがいなのですか?

発明された技術の内容を理解し、過去に同じ技術が知られていないか調べるのはとても大変な作業です。しかも、同じ時期に、同じ技術を出願しようとしている人がいるかもしれないので、少しでも早く書類をまとめなければなりません。しかし、苦労すればするほど、特許権が認められたときのうれしさは何倍にもなります。

こうして、最新技術にいち早く関わることができ、社会に革新をもたらすお手伝いができるのは、弁理士ならではのやりがいだと思います。

「新しい技術について調べるうちに、いろいろな分野にくわしくなれるのが、楽しいです」と、田中さん。

田中さんのある1日

09:00 出社。メールのチェックをしたあと1日の予定を確認する
▼
09:30 特許庁の審査結果の分析をして、資料を作成する
▼
12:00 ランチ
▼
13:00 次に出願する書類の作成
▼
15:00 特許庁に行き、審査官と面談技術内容の説明などをする
▼
17:00 事務所にもどり、報告書の作成
▼
17:30 翻訳作業。海外で出願された特許の書類を、日本語に訳す
▼
18:30 翌日の作業予定を立てて、退社

Q 仕事をする上で、大事にしていることは何ですか？

弁理士の仕事は、調査して書類をつくることのくりかえしです。専門的な技術など、わからないことも多く、つらいこともあります。しかし、どんなときも、弁理士が果たす役割の大きさを忘れないようにしています。

特許権でいえば、発明は、開発者や技術者の方々の努力の集大成です。特許権の取得は、彼らの努力が報われる瞬間であり、取得できるかどうかは、弁理士の力にかかっています。また、特許権を得た発明は、将来さまざまな製品に利用され、世の中に変化をもたらします。私の仕事が、発明に関わった多くの人や、社会の役に立っていることをつねに心に留め、仕事をしています。

特許庁へ向かう田中さん。書類の提出はパソコンで可能だが、審査官との面談などがあると直接足を運ぶこともある。

Q なぜこの仕事を目指したのですか？

大学や大学院時代は、化学を学び、研究者を目指していました。しかし、大学院を卒業するころ、同じ研究室にいた先輩が弁理士試験に合格したことがきっかけで、弁理士の仕事に興味をもちました。

法律をあつかう仕事というと文系のイメージがあったので、最初は自分に向いている仕事ではないと思っていました。しかし、化学など理系の知識が活かせることを知り、自分にもできる気がしました。また、ゲームが好きで、ソフト※などの技術開発にも興味があったので、新しい技術にふれることができることにも魅力に感じ、弁理士を目指しました。

Q 今までにどんな仕事をしましたか？

志賀国際特許事務所に入ってから、今までずっと外国のお客さんを担当しています。特許権というのは、ほかの国でとっていても、日本で権利を主張するためには、日本でもあらためて取得する必要があります。私は、そういった要望をもつ外国の発明者や会社を担当するのです。

会社に入って2年目からは、「特許権侵害訴訟」も取りあつかうようになりました。特許権侵害訴訟とは、「この製品は、うちの会社が特許権をもつ技術を使ってつくられている」と、製品をつくったほかの会社や人を訴えることです。

また、先に技術を開発していた会社が、特許権をとっていなかったために、後に申請した会社の技術として特許権が認められてしまう場合があります。そんなときは、こちらの会社の技術が先に知られていたことを証明し、特許の取り消しを特許庁に請求することもあります。

反対に、私が特許権の取得を手伝った技術について、取り消しを請求されたこともありました。そのときは、その技術がまったく別の発明であり、法律的にも問題はないことを2年半かかって証明し、何とか権利を守りました。

● 弁理士バッジ

『知的財産権法文集』

PICKUP ITEM

● ICレコーダー

弁理士がつけるバッジ。「正義」を表わす菊の花の中央に、「国家の繁栄」を表わす桐の花がデザインされている。『知的財産権法文集』は、特許法など弁理士にとって必要な法律がのっている本。出願書類を書くときや裁判などで使う。声を録音できるICレコーダーは、打ち合わせのときのメモ代わりとして使っている。

　用 語　※ ソフト ⇒ソフトウェアの略。コンピューターに特定の動作をさせるための指示が書きこまれたプログラム（命令）のこと。

Q 仕事をする上で、難しいと感じる部分はどこですか？

技術の内容を理解しなければならない分野がたくさんあることです。機械工学、情報技術、物理、薬学、化学など、本当にさまざまあります。専門書や論文を読むのですが、何が新しい技術で、どこが発明なのか、理解するのは簡単なことではありません。どうしてもわからないときは、専門知識をもった先輩にアドバイスをもらうこともあります。

私は海外のお客さんを担当しているので、外国語で書かれた書類の翻訳も行います。そのまま翻訳すると発明の内容が伝わりにくいことがあるので、技術をしっかり理解した上で、慎重に翻訳します。ミスは許されないため、とても責任が重く、難しい仕事だと感じます。

Q ふだんの生活で気をつけていることはありますか？

技術はものすごいスピードで進化しています。そのため技術に関する情報は、テレビや新聞、SNS※などで、つねにチェックしています。

また、法律の勉強も忘れないようにしています。知的財産権に関連する法律は、毎年のように改正されています。1年前に覚えた知識が、来年には通用しないかもしれません。そのため、弁理士の団体が行っている研修などを利用して、ふだんから勉強することを心がけています。また、知的財産権をめぐる裁判などがあった場合は、その結果や内容を確認し、今後の対策につなげるようにしています。

Q これからどんな仕事をしていきたいですか？

新しい考え方を積極的に取り入れ、どんなことにも対応できる弁理士になりたいです。

弁理士の仕事は、以前よりも複雑になっていると感じています。例えば以前は、会社が発明した技術を、ほかの会社に使わせないようにしようという考え方がほとんどでした。しかし最近は、会社がもっている技術を、ほかの会社がもっている技術と合わせ、さらによいものをつくろうという「オープンイノベーション」の考え方が広まっています。このような状況のなか、開発した技術のどこまでをほかの会社にも使ってもらい、どの部分を自社だけの技術として守るのかなど、難しい問題があります。

このように、複雑化している知的財産について、適切なアドバイスができる弁理士になるのが目標です。そして、ゆくゆくは、「田中さんなら何でもまかせられる」と言われるような、頼れる弁理士になりたいです。

入社以来、田中さんは海外のお客さんの依頼を担当。そのため英語は毎日使っている。

弁理士になるには……

弁理士の資格を得るには、3つの方法があります。ひとつ目は弁理士試験に合格すること。ふたつ目は弁護士資格をもっていること。3つ目は、特許庁で審査官としての経験が7年以上あることです。いずれの場合も、国の定める機関で研修を受けた後に弁理士になれます。弁理士試験に受験資格はなく、学歴、年齢、国籍を問わず、だれでも受験することができます。

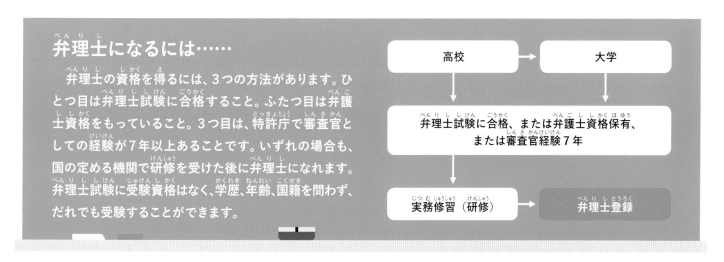

高校 → 大学

↓ ↓

弁理士試験に合格、または弁護士資格保有、または審査官経験7年

↓

実務修習（研修） → 弁理士登録

用語 ※ SNS ⇒ ソーシャル・ネットワーキング・サービスの略。インターネット上で、人と人とが写真や文章などの情報をやりとりする。代表的なサービスに、Instagram、Twitter、LINE、TikTok がある。

Q この仕事をするには どんな力が必要ですか？

いくら優れたアイデアや発明であっても、技術の仕組みや内容を文章で説明できないと、知的財産と認めてもらえません。そのため、「理解する力」、「読む力」、「書く力」の3つが必要です。発明者の言いたいことを理解し、参考資料や法律を読み解き、文章を書く力です。

また、あきらめない力も必要です。場合によっては、特許取得までに何年もかかります。わからないことがあってもあきらめずに、目の前の資料と向き合う力が大切なのです。

調べ物をするときは、参考図書や資料を読むだけでなく、インターネットなどで得られる情報も確認。

田中さんの夢ルート

小学校 ▶ ゲーム開発者

ゲームをするのが好きだった。

中学校 ▶ マンガ家・小説家

マンガや小説を読むのが好きで自分でも書いていた。

高校・大学・大学院 ▶ 化学の研究者

高校で化学を学び、おもしろさを理解した。もっと研究したいと思うようになり、大学、大学院と進んで研究者を目指した。

Q 中学生のとき、 どんな子どもでしたか？

部活に入らない、いわゆる「帰宅部」だったので、時間はたくさんあり、すべてを趣味に費やしていました。ひたすら本を読み、ゲームをし、絵を描き、小説を書く生活です。マンガも相当な量を読んでいました。

趣味が高じて、ゲーム音楽を聴きとって楽譜を書き起こしたり、趣味のWEBサイトをつくったりと、充実した日々を送っていました。WEBサイトは多くの人が見てくれて、インターネットでのコミュニケーションの楽しさを覚えた時期でもありました。

また、自分で勝手に学級新聞をつくって出してもいました。自分で何かをつくり出すということに夢中になっていたように思います。

勉強は、テストの前だけ集中して取り組むタイプで、塾にもとくに通っていませんでした。大学は理系の学部に進みましたが、中学時代は理科が苦手でした。好きになったのは、高校に入ってからです。化学の授業を受けて、おもしろさがわかるようになり、研究者になりたいと思いました。

「帰宅部」を満喫していた中学生時代。外で遊ぶより、部屋で遊ぶことの方が好きなインドア派だった。

好きだったマンガは『デスノート』や『ハンター×ハンター』、『ブリーチ』など。『遊戯王』のカードゲームで遊んだり、「ポケットモンスター」についてまとめたノートをつくったりして、楽しんでいた。

Q 中学のときの職場体験は、どこに行きましたか？

中学3年生のときに、1日だけ近所のお店で職場体験をしました。家の近くにあった文房具店です。商品を並べたり、整理したりすることがおもな仕事で、ときどきお客さんの対応もさせてもらいました。また、近くの小学校や中学校へ商品を配達する仕事も手伝いました。大変でしたが、一度にいろいろな仕事を経験することができました。

Q 職場体験ではどんな印象をもちましたか？

中学生のときは、毎日遊ぶことばかり考えていて、働くとはどういうことなのかわかっていませんでした。しかし、職場体験をしたことで、仕事の具体的なイメージができたと思います。

文房具店の人に、「雑に並べてはだめだよ」などとしかられながら仕事を教わっているうちに、当たり前だと思っていたお店の光景が、お店の人の努力で保たれているものだとわかりました。そして、仕事について考える大きなきっかけにもなりました。

ふだんから通っていた商店街にある文房具店だったこともあり、気軽に参加できてよかったです。

Q この仕事を目指すなら、今、何をすればいいですか？

まずは、自分の好きなことや、好きなものを探してみてください。中学生時代は、人生のなかでもっとも感性豊かな時期だと思います。私はその時期に、いろいろなものにふれました。みなさんにも、時間を活かしてさまざまな経験をしてほしいです。

弁理士としておすすめしたいのは、たくさんの本を読むことです。私も、中学時代にたくさんの文章にふれ、自分でもたくさんの文章を書いたことが今の仕事に活きています。たとえ弁理士以外の道を進むことになったとしても、読書は必ず何かに役立つはずですよ。

最新技術に関わり
社会に革新を
もたらす人々の
権利を守ります

－ 今できること －

ふだんの暮らし

弁理士は、アイデアや発明された技術を文章で説明し、法律の知識を使って守る仕事です。そのため、まずは文章力が必要です。さまざまな本を読み、自分でも書くことを習慣づけましょう。学級新聞などをつくり、記事を書いてみるのもよいでしょう。

また、知的財産を守るためには、わからないことは徹底的に調べ、理解した上で文章にしなければなりません。勉強していてわからないことがあったときは、調べたり、友だちに聞いたりして解決する力を養いましょう。

国語

教科書に出てくる内容から、人に伝わりやすい文章の構成や、言い回しといった「書き方」を学びましょう。また、学んだ書き方で、読んだ本の感想や自分の考えをまとめた読書日記をつけてみてもよいでしょう。

理科

知的財産になるようなアイデアや発明には、高校や大学で学ぶ化学や物理といった理系の分野が多く出てきます。変化する物質の性質についてや、運動とエネルギーの関係など、基礎となる知識を学びましょう。

英語

日本での知的財産権取得を目指す海外の企業から仕事を依頼される場合もあります。英語の文章を、わかりやすい日本語に翻訳できる力を身につけましょう。

労働基準監督官
Labor Standards Inspector

厚生労働省 東京労働局
青梅労働基準監督署
秋山建太さん
入省4年目 28歳

だれもが安心して
働ける環境を
ぼくたちは目指します

働く人が、安全な環境で、安心して仕事ができるように、国は労働基準法※などの法律を定めています。
労働基準監督官は、働く人たちを守るために活動している国家公務員です。青梅労働基準監督署で働く、秋山建太さんにお話をうかがいました。

用語　※ 労働基準法 ⇒ 労働者を守るための法律。労働時間、賃金などの基準を定めている。

Q 労働基準監督官とは どんな仕事ですか？

ぼくがいる青梅労働基準監督署は、厚生労働省のなかの機関である、東京労働局の出先機関です。例えていえば、「東京労働局」という会社が、東京都の青梅市で営業している「労働基準監督署」というお店です。

労働基準監督署の仕事は、おもに3つに分かれていて、ぼくが所属しているのは、「監督課」です。監督課は、働く人の職場の環境をよくするために会社を監督し、指導する仕事です。働く人から「会社から給料がきちんと支払われない」、「決められた時間より長く働かされている」などの相談を受けると、その会社に行って原因を調べます。これを立ち入り調査（臨検監督）といいます。給料の金額が書かれた給与明細を見たり、働いている人と会社が結んだ契約書を調べたりして、労働基準法などの違反がないか調べるのです。もし違反を見つけたら、法律を守るように会社を指導します。そして、きちんと改善したことを確認するまで、見届けます。

しかし、どうしても改善しない場合、刑事事件として捜査を行い、検察庁に送検します。するとその会社が裁判にかけられることがあります。

このほか、労働基準監督署には「安全衛生課」と、「労災課」があります。「安全衛生課」は、働く人の健康と安全を守る仕事です。使っている機械が安全か検査したり、危険な化学物質の正しい取りあつかいを指導したりします。また、「労災課」は、働く人が仕事中にけがや病気をしたときの補償をする仕事です。被災された方の治療費や生活費を支給する手続きを行います。

Q どんなところが やりがいなのですか？

以前、「会社を退職したが、働いていたときの給料がもらえない」と、相談に来た人がいました。法律違反の疑いがあるので、すぐに会社に立ち入り調査をして、社長に話を聞きました。すると社長は、「その社員は、急に会社を辞めたので、会社として困った。だから給料の支払いはしない」と主張しました。そこで、給料を支払わないと法律違反になることや、給料が支払われないと相談者が暮らしていけないことを根気強く説明したのです。最終的に、社長は納得して支払いに応じました。相談者はとても喜んでくれました。そのとき自分の仕事の必要性を実感し、やりがいを感じました。

また、問題が見つかる前に、定期的に地域の会社をまわって、労働条件※などの働く環境の調査もしています。急に訪問すると、会社の人たちは、何事かと身構えます。しかし、調査を進め、直した方がよいところを伝えるうちに、「問題が起きる前に教えてもらえてよかった」と感謝されることがあります。そのときにもやりがいを感じますね。

働く人からの相談を受ける秋山さん。問題の原因は何か、会社に法律違反の疑いがないか、ていねいに話を聞く。

秋山さんのある1日

08:30	出署。メールのチェックとその日にやることを確認
09:00	立ち入り調査する会社へ行く
09:30	調査開始
11:30	調査終了 改善の必要がある場合は指導を行う
12:00	会社にもどり、ランチ
13:00	報告書の作成。午前中に調査した内容をまとめ、上司に報告する
14:00	労働事件の捜査 仕事中にけがをした人から話を聞く
16:00	相談窓口での対応
17:00	翌日の仕事の準備
17:15	退署

用語　※ 労働条件 ⇒ 労働者と会社や団体などの雇用主との間に結ばれる、給料や労働時間などの条件。労働基準法でその最低基準が定められている。

Q 仕事をする上で、大事にしていることは何ですか？

立ち入り調査では、会社へ事前に知らせずに突然行きます。そのときは、相手を緊張させてはいけません。訪れた会社の社長や担当者の話にしっかり耳をかたむけます。法律の説明や会社に改善の指導をするときは、とくにていねいでわかりやすい言葉を使うように心がけています。

また、指導をしても、改善してもらえない場合、社長や担当者が自分より年上であっても、絶対に気後れせずに、粘りづよく説明するようにしています。この仕事の目的は、「働く人にとって、安心・安全な職場環境をつくること」です。どんなときもこの目的を忘れず、働く人たちの立場に立って考え、日々働いています。

違反があると思われる会社の問題点を、法律と照らし合わせながら、確認。

Q なぜこの仕事を目指したのですか？

大学を卒業後、一度は一般の会社に就職したのですが、その後、公務員試験を受けて、今の仕事に就きました。いろいろある公務員のなかで労働基準監督官に興味をもったのは、この仕事が労働者にとって安全な職場環境をつくる役目があると知ったからです。

小学6年のころ、大好きだった祖父が建設現場で大工の仕事中に高いところから落下し、その事故が原因で亡くなりました。労働基準監督官は、こうした建設現場にも調査に行き、働く人の事故を防ぐため、危険な場所や危険な作業がないかを調べ、会社に対して適切な指導を行うのです。祖父のような事故をなくしていきたいと考え、労働基準監督官を志しました。

Q 今までにどんな仕事をしましたか？

労働基準監督官は、労働基準法などの違反を取り締まる仕事です。それを実感した事件を一度、経験しました。

会社の法律違反が原因で、労働者の体に重い障がいが残る事故が起きたんです。この事故は、社長が法律を守り、働く人の安全を第一に考えていれば、防ぐことができたものでした。ぼくは、社長に取調べを行い、事故現場の見取り図をパソコンで作成するなど証拠をまとめ、検察庁に送検しました。社長は深く反省し、その後は働く人の安全を第一に考えた会社経営をするようになりました。

ほかに、会社が倒産して給料が支払われないまま退職した人に対し、国が社長に代わって金額の一部を立てかえて支払う「未払賃金立替払制度」の手続きなども担当しました。

・ヘルメット・

作業服

電卓とメジャー

作業靴

安全ベルト

PICKUP ITEM

作業服、ヘルメット、作業靴、安全ベルトは、工事現場などに調査に行くときに着用。電卓とメジャーは、調査に行った先で機械の大きさや、事故現場を調べるときに使う。調査するときや、証拠をまとめるときは、さまざまな法律書にあたる。

・法律書・

Q 仕事をする上で、難しいと感じる部分はどこですか？

ひとことで会社といっても、その仕事内容はさまざまです。それぞれの会社に合った指導をするために、「労働基準法」、「労働安全衛生法」、「最低賃金法」など、あつかわなければいけない法律がたくさんあるところに難しさを感じます。

また、工場で使われている機械や化学物質の特徴など、知っておかなければならないことが多いのも大変です。必要に応じて専門書で調べるのはもちろん、上司や先輩がもっている資料などを読んで情報収集をしています。

もうひとつ難しいと感じるのは、労働者と会社で意見が食いちがう場合の判断です。そんなときは、感情に流されないようにすることが大切です。冷静に両者の言い分を聞き、その上で法律に従ってどちらが正しいのか判断しなければいけません。

ぼくはまだ労働基準監督官になってから日が浅く、仕事に行き詰まることも少なくありません。どうしても自分で解決できないときは、上司や先輩に相談し、アドバイスをもらうようにしています。

上司に相談をする秋山さん。「自分の判断に自信がもてないときなどに、相談にのってもらっています」

Q ふだんの生活で気をつけていることはありますか？

仕事ではつねに気持ちが張りつめているので、休めるときにはしっかり休むことを心がけています。心身ともにリフレッシュすることが、働く意欲につながるからです。

休日には、映画を観たり、釣りに行ったり、ゲームをしたり、友だちと食事をしたりしています。また、ゴールデンウィークや、お盆休み、正月休みなど、長期の休みがとれるときには、友だちと旅行に出かけたり、実家に帰って、地元の友だちと野球をしたりして過ごしています。

Q これからどんな仕事をしていきたいですか？

労働基準監督官は、定期的に転勤があり、いろいろな労働基準監督署で働きます。そのため、ぼくにはこれまでお世話になった上司や先輩が、何人もいます。どの上司、先輩も、自分の仕事をきちんとやりながら、まわりにも気を配れる人ばかりでした。

自分の仕事をこなしながら、まわりの人も気持ちよく仕事ができる職場になるようにふるまうのは、簡単ではありません。ぼくはまだ、目の前の仕事をこなすのに精いっぱいです。

しかし、今後は上司や先輩を見習って、自分の職場でも、調査する会社でも、相手のことを考えて仕事をしていきたいです。そしていつかは、後輩によいアドバイスができるような存在になりたいと思っています。

労働基準監督官になるには……

国家公務員である労働基準監督官になるには、労働基準監督官採用試験に合格する必要があります。試験は筆記の一次試験と、身体検査と面接の二次試験です。筆記試験は、公務員の基礎能力試験と、専門試験（おもに法律から出題される法文系か理工系のどちらかを選択）のふたつです。大学だけでなく、必要であれば公務員の専門学校に通っておくとより知識が深まるでしょう。

```
高校
  ↓
大学・専門学校
  ↓
労働基準監督官採用試験に合格
  ↓
労働基準監督官
```

Q この仕事をするには どんな力が必要ですか？

ぼくは、幼いころから好奇心が旺盛でした。また、初対面の人と話をしたり、見知らぬ場所を探検したりすることが好きでした。この仕事は、いろいろな業種の、いろいろな会社の人と会って話をしたり、はば広い知識が求められたりします。しかし、ぼくのように好奇心をもって積極的に取り組むことができる人なら、充実して仕事ができると思います。

また、労働基準監督官は、長時間労働や、危険な環境での仕事など、大変な業務を強いられている労働者を助ける仕事です。そのため、「困っている人を助けたい」「働きやすい環境をつくりたい」という正義感をもっていることも、大切な要素だと思います。

労働基準監督官の手帳。横には厚生労働省の名前も入っている。

秋山さんの夢ルート

- **小学校 ▶ プロ野球選手**

ソフトボールをやっていた。

▼

- **中学校・高校 ▶ 中学校教師**

中学時代の担任の先生にとてもお世話になりその先生のような教師になりたかった。

▼

- **大学 ▶ 困っている人を助ける仕事**

困っている人を助ける仕事がしたいと思うようになった。

Q 中学生のとき、 どんな子どもでしたか？

中学3年生のときの担任の先生が大好きで、心から尊敬していました。生徒ひとりひとりの特徴を理解し、個性をのばそうとしてくれる先生だったんです。親身になって進路の相談にのってくれたり、落ちこんでいるときには、はげましてくれたりしました。そのため、「将来は、先生みたいな教師になりたい」と思っていました。

先生は、人前で話すのが苦手なぼくに「生徒会長をやってみないか。秋山ならできる」と声をかけてくれました。自分にそんな大役がつとまるのか、かなり不安でしたが、「先生の言葉を信じて挑戦してみよう」と、引き受けました。

それからは、運動会や文化祭など、行事があるたびに生徒会長として話をする機会が増えました。話す内容を事前に考えて、先生に見てもらってから全校生徒の前に立つのですが、おかげで度胸がつきました。

今の仕事でも、大勢の人の前で法律の説明をすることがあるのですが、生徒会長の経験がおおいに活かされています。当時の担任の先生とは、つきあいが続いていて、今でも連絡を取り合っているんですよ。

運動会で、生徒会長として全校生徒の前で話す秋山さん。来賓への感謝と、生徒代表として運動会への意気込みを語った。

小さいころから野球が大好きで、小学校ではソフトボール部で活躍。中学校では、念願の野球部に入った。

Q 中学のときの職場体験は、どこに行きましたか？

ぼくの通っていた学校では、中学2年生のときに1週間、職場体験に行く授業がありました。

当時は教師になるのが夢だったこともあり、学校が用意した体験先リストのなかから、「小学校の教師」を選びました。野球部の友だち3人といっしょに行ったのは、自分たちの出身小学校ではなく、別の小学校でした。顔見知りの先生がいるとはずかしいし、緊張感をもって仕事ができないと思ったからです。

Q 職場体験ではどんな印象をもちましたか？

小学校では、おもに授業前の準備に関わる仕事を手伝わせてもらいました。体育館やグラウンドの整備、生徒が授業で使用するプリントの用意、実験器具の安全確認などです。ふだん、当たり前のように受けている授業が、先生の準備の上に成り立っていたものだと知り、先生に対して、感謝と尊敬の念をいだきました。

この体験を通して、仕事というのは事前の準備がいかに大切かを教わりました。今では、労働基準監督官として働くときの、ぼくの信念にもなっています。

Q この仕事を目指すなら、今、何をすればいいですか？

主要5教科以外の、美術、技術、家庭科なども、まじめに取り組んでおくとよいと思います。どの科目も、将来何かで必要になることがあるからです。

ぼくは、中学生時代にあった技術の製図の授業に、あまり真剣に取り組みませんでした。しかし、労働基準監督官は、事故のあった場所のようすを、パソコンなどを使って図面で記録しなければなりません。ぼくは社会人になってから勉強し直しました。

また、この仕事は、さまざまな法律のもとに行うので、今のうちに法律に興味をもつのもよいと思いますよ。

困っている労働者を助けたい。この思いがぼくを突き動かしています

－ 今できること －

ふだんの暮らし

労働基準監督官は、働いている人の権利を守り、法律に基づいて会社に適切な指導を行う仕事です。学校生活のなかで、改善した方がよいと思うことがあれば、なぜそう思うのか、どう直せばよいのかを論理的に考えてみましょう。そして、先生や生徒会にていねいに伝え、理解を得られるか試してみてください。

また、働く人を守る仕事ですから、働くことに関心をもっておくことも大切です。ボランティア活動などを体験し、働くことに対して理解を深めておくとよいでしょう。

国語
調査をする会社の、さまざまな立場の人の話を聞くことになります。対話や討論をして相手の意見を理解し、自分の考えをまとめる力をきたえましょう。

社会
公民では、この仕事に大切な、労働の分野について学ぶことができます。労働組合や労働基準法の内容を調べ、社会の仕組みを理解しましょう。

数学
正しい判断をするために、給料などの数字のデータを正確に処理しなければなりません。コンピューターを使った、表やグラフの作成に挑戦してみましょう。

技術
工場の調査をするときは、技術の知識が必要となります。機械の使い方を学んでおきましょう。

サイバーセキュリティ対策本部警察官

Cyber Security Control Task Force Police Officer

警視庁
髙岡大晃さん
入庁8年目 29歳

インターネット上で起こる犯罪から身を守る方法を教えます

多くの人がスマートフォンを持ち歩き、学校や会社でパソコンを利用するようになり、インターネット上で法律を犯す「サイバー犯罪」が年々増えています。警視庁※で、サイバー犯罪を防ぐ仕事に取り組んでいる、髙岡大晃さんにお話をうかがいました。

用語 ※ 警視庁 ⇒東京都を管轄区域にする警察本部。

Q サイバーセキュリティ対策本部警察官とはどんな仕事ですか?

スマートフォンやタブレット、パソコンは、情報をやりとりしたり、調べ物をしたり、買い物をしたりと、私たちの暮らしに欠かせないものです。それにともない、インターネット上には個人や会社の情報がたくさん集まるようになりました。その結果、情報をぬすんだり、それで詐欺を働こうとする悪い人が出てきます。このように、パソコンやコンピューター、スマートフォン、インターネットなどを悪用した犯罪を「サイバー犯罪」といいます。サイバーセキュリティ対策本部は、社会に対してサイバー犯罪を防ぐ対策を伝え、注意を呼びかける活動に取り組んでいます。

増加するサイバー犯罪のなかでも、とくに近年多いのが、クレジットカードの情報をだましとる「フィッシング詐欺」です。犯人はまず、店や銀行のふりをしてメールを送り、にせもののWEBサイトに誘導します。そしてクレジットカードの番号や、パスワードなどを書きこませて情報をぬすみ出すのです。その後、犯人は、ぬすんだ情報を使って、お金を引き出したり、買い物をしたりするという犯罪です。

また、メールに添付されたファイルを開いたり、書かれていたリンク先に飛んだりすると、パソコンやスマートフォンがコンピューターウイルス※に感染する事件も増えています。感染するとパソコンが動かなくなったり、外部から勝手に操作されてしまったりする悪質な犯罪です。

サイバーセキュリティ対策本部の仕事は、こうした犯罪の被害者を出さないように、注意を呼びかけていくことです。

企業向けに講習会を開き、サイバー犯罪のこわさと、セキュリティ対策の大切さについて解説する髙岡さん。最近多い犯罪の手口を紹介し、注意を呼びかける。

Q どんなところがやりがいなのですか?

私が行っているおもな仕事は、東京都内の会社に対して、サイバー犯罪から身を守るための講習会を行うことです。どんなサイバー犯罪に注意すべきか、会社の特徴に合わせて、映像や資料を使ってわかりやすく解説します。そのほか、「東京中小企業サイバーセキュリティ支援ネットワーク」という窓口で、たずねてきた会社の相談にのっています。やりがいを感じるのは、講習会を受けた人や、相談窓口を利用した人が、「サイバー犯罪の最新情報がよくわかった」や、「わが社でもすぐに対策をとりたい」と言ってくれたときです。犯罪を未然に防ぐという、警察官としての役目が果たせたと感じられるからです。

講習会では画面に大きく映し出した資料を示しながら解説。わかりやすく話すことを心がけている。

髙岡さんのある1日

08:30	出勤。メールのチェック
09:00	講習会用の資料作成
10:00	講習会のリハーサル。発表する資料の順番を確認したり、予定の時間内に、すべて話せるか確認したりする
12:00	ランチ
13:00	講習会開始
16:00	講習会終了
16:30	報告書の作成。講習会で出た質問や感想などをまとめる
17:15	事務作業をして、退勤

用語　※ コンピューターウイルス ⇒ パソコンやスマートフォンに損害をあたえるためにつくられたプログラム（命令）。メールやWEBサイトから入りこみ、さまざまな問題を引き起こす。

Q 仕事をする上で、大事にしていることは何ですか？

サイバー犯罪の犯人や犯人グループは世界中にいて、日々新しい手口を生み出しています。新しい手口をいち早く発見し、注意を呼びかけられるように、こまめな情報収集や勉強が欠かせません。また、警察官という立場で情報を発信しているため、まちがったことや、誤解をあたえるようなことを言わないように気をつけています。

最新情報は、サイバー犯罪から会社や組織を守るための活動を専門に行っている「情報処理推進機構」という機関などから得ています。加えて、警視庁が発表している犯罪データを分析し、もっとも多い手口や今後増えそうな手口をまとめ、資料をつくるようにしています。

講習会で話す資料を作成中。決められた時間内に必要な情報を伝えられるようにまとめる。

Q なぜこの仕事を目指したのですか？

警察官になろうと思ったのは、中学生時代に、駅の駐輪場に停めておいた自転車をぬすまれたことがきっかけです。きちんと鍵をかけ、自分なりに防犯対策をしていたのですが、ぬすまれてしまってかなり落ちこみました。

被害届を出しに交番に行くと、おまわりさんは「ぬすまれたのは、きみが悪いんじゃないよ」とはげましながら、私の話を優しく聞いてくれました。そのときのおまわりさんの対応で、落ちこんでいた私は、本当に救われたんです。

それ以来、「いつか私も困っている人に寄りそい、助けてあげられるような仕事がしたい」と思うようになり、警察官にあこがれるようになりました。

Q 今までにどんな仕事をしましたか？

警察学校を卒業後、2年間は地域警察官として、町のパトロールや防犯指導、交通違反の取り締まりなどを行っていました。未成年の子どもたちと関わる機会が多く、「少年の非行を未然に防止したい」という思いがわき上がりました。そこで、少年犯罪をあつかう、少年係での仕事を希望しました。少年係では、子どもたちの事件をあつかうだけでなく、担当地域にある学校に行って、薬物乱用の防止や、インターネットの安全な使い方などを指導する「セーフティ教室」なども行ってきました。

Q 仕事をする上で、難しいと感じる部分はどこですか？

サイバー犯罪の手口は、日々変化し、その方法も複雑化しています。私もおくれをとらないように、情報を集め注意を呼びかけていますが、世界中で生み出されている犯罪をすべてチェックすることは、簡単ではありません。また、犯罪に使われた技術を理解することも難しいです。犯罪者たちは、高度な最新技術を使って犯罪をしかけてきます。自分が理解できなければ講習会で人に説明できないので、日々の勉強が欠かせません。理解したことをいかにわかりやすく伝えられるかという点も、工夫が必要です。

● 手帳

● プロジェクターリモコン

PICKUP ITEM

ふだん使っている手帳。気になったサイバー犯罪の情報があったときはすぐにメモして、くわしく調べる。プロジェクターリモコンは、講習会で、説明をしながら、映し出した画面を片手で操作することができるので便利。

「警視庁では、さまざまな冊子をつくり、サイバー犯罪対策を呼びかけているんですよ」

Q ふだんの生活で気をつけていることはありますか？

新聞やニュースを毎日チェックし、社会の変化を知っておくように気をつけています。

また、休みの日でも、翌日の仕事に備えて早く寝たり、ふだんから栄養のある食事をとったりするように心がけています。万全の体調で仕事に臨むことが、よい仕事につながると思うからです。

そのほか、筋力トレーニングもしています。いつ、犯罪グループの捜査や逮捕などの任務に就くかわからないからです。いつでも犯人を追いかけ、取り押さえることができるように体をきたえておくことは、大切なことです。

「警察官として、体力づくりは基本です。どんな業務を命じられてもよいようにトレーニングは欠かせません」

Q これからどんな仕事をしていきたいですか？

警察官は、犯人をつかまえることも大切ですが、犯罪を未然に防ぐことが重要な任務です。

その意味で、私の今の仕事はとても大切な任務だと感じています。今後も、サイバー犯罪に巻きこまれないための対策を人々に広め、安心してインターネットを使えるような社会づくりに貢献していきたいです。

もちろん、サイバー犯罪を捜査し、社会からひとつでも無くしていきたいとも思っています。

私には幼い子どもがいます。子どもがもう少し大きくなったときに、「パパはこういうことに取り組んでいるんだよ」と自慢できるように、仕事にはげんでいます。

「サイバー犯罪は、身近な犯罪です。そのことを講習会やイベントを通して伝え、被害者が出ないようにしていきたいです」

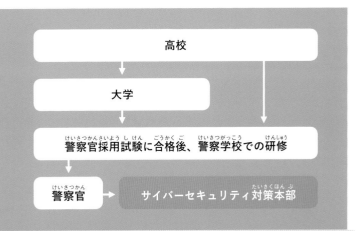

サイバーセキュリティ対策本部で働くには……

サイバーセキュリティ対策本部は、警察にある部署です。まずは警察官を目指しましょう。警察官になるには、警察官採用試験に合格する必要があります。合格後は、警察学校で警察官として必要な知識や技術を学びます。その後、交番勤務などで経験を積み、希望することでサイバーセキュリティ対策本部への道が開かれます。

```
高校
  ↓
大学
  ↓
警察官採用試験に合格後、警察学校での研修
  ↓
警察官 → サイバーセキュリティ対策本部
```

Q この仕事をするには どんな力が必要ですか？

警察官は、国民の安全を守る仕事です。そのためには、体力、正義感、協調性、冷静な判断力が必要です。

どれも中学生のうちから養える力だと思います。例えば、運動系の部活に入って、体力づくりにはげみ、仲間とのチームワークを大切にしながら協調性をみがくのもよいと思います。友だちと、何かもめごとがあったときには、自分のなかにある正義感に従い、冷静に判断してみてください。

そのほか、正しくていねいな文字で文章を書く力も警察官には必要です。警察官になると人前で字を書く機会が、じつはたくさんあります。例えば、被害届や調書の作成などは、確認しながら本人の前で紙に書かなければなりません。

以前、上司から「どんなにすばらしい内容でも、きたない文字で、漢字のまちがいがある文章には、説得力がないんだよ」と言われたことがあります。それまで私は字を書くのがあまり得意ではなかったこともあり、その言葉がとても心にひびきました。それからは、心をこめて、ていねいに文章を書くように心がけています。

同じ部署で働く仲間と、講習会で話す内容を確認。

講習会用の資料をコピー。「警察官の仕事には、事務作業も多いんですよ」

Q 中学生のとき、 どんな子どもでしたか？

数学が得意だったので、1学年上の難しい問題を解いたり、志望校より上のレベルの高校の過去問を解いたりしていました。しかし、苦手だった社会の勉強を後回しにしていたせいで、総合点ではよい成績ではありませんでした。

足が速かったので、中学3年生のときにリレーの学年代表に選ばれ、地区大会に出場しました。決勝戦まで進むことができたのですが、第3走をまかされていた私のバトンミスによって、最下位に終わってしまいました。

私以外のリレーメンバーは全員陸上部員で、毎日バトンの練習をしていました。そして、何も練習していなかった私が、本番でミスをしてしまったんです。この経験から、練習を積み重ねることの大切さを学びました。

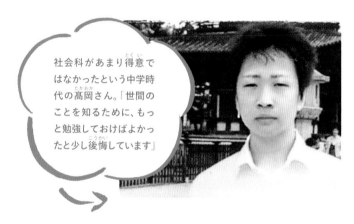

社会科があまり得意ではなかったという中学時代の髙岡さん。「世間のことを知るために、もっと勉強しておけばよかったと少し後悔しています」

髙岡さんの夢ルート

小学校 ▶ 大工

父親が建築関係の仕事だったため大工が身近にいた。いつか大工のように自分で大きな家を建ててみたいと思った。

▼

中学校・高校・大学 ▶ 警察官

自転車をぬすまれたとき、対応してくれた警察官が頼もしかった。

Q 中学のときの職場体験は、どこに行きましたか？

中学2年生のとき、友だちふたりといっしょに、書店に1日だけ職場体験に行きました。

選んだ理由は、先輩から、図書カードがもらえると聞いたからです。書店は、本を売るのが仕事というイメージだけで、特別に興味があったわけではありませんでした。

Q 職場体験ではどんな印象をもちましたか？

最初は、来店するお客さんに「いらっしゃいませ」とあいさつをしたり、店内の掃除をしたりしました。

私は、まじめにやっていたのですが、私以外のふたりは、おしゃべりをしたり、ふざけたりしていて、いい加減な態度をとっていました。すると、お店の人は、ふたりのことはそのままにして、私にだけ別の仕事や、効率的な仕事のやり方を教えてくれるようになりました。ふたりは、お店の人に注意さえされず、放っておかれたんです。

たった1日の職場体験でしたが、まじめに取り組む人は、相手からも信用され、不まじめな人は、それなりの対応しかしてもらえないことを実感しました。このときの体験が、仕事に対する考え方の土台になっています。

Q この仕事を目指すなら、今、何をすればいいですか？

自分の人生を後悔しないよう、勉強や部活に一生懸命にはげむことが、将来につながると思います。そして、くれぐれも軽い気持ちで犯罪に手を染めないでください。

また、将来サイバー犯罪に立ち向かうためには、まず自分が対策意識をもって行動することです。最近は、サイバー犯罪に中学生が巻きこまれるケースも増えています。パソコンやスマートフォンは確かに便利な道具です。しかし、SNSへの書きこみや写真の投稿などから、個人情報を特定されたりすることもあります。犯罪のこわさを知り、友だちにも伝えるなど、自分でできる対策をとってほしいです。

ネットのなかにひそむサイバー犯罪からみなさんを守ることが私たちの使命です

－ 今できること －

ふだんの暮らし

サイバー犯罪は、今とても増えています。そのため、学校でも、スマートフォンやパソコンの安全な使い方について教えたり、警察官による「セーフティ教室」などが開かれたりしています。こうした授業や講習に積極的に参加して話を聞きましょう。また、家族や友だちと、対策について話してみるのもよいでしょう。

サイバー犯罪を取り締まっているのは警察官です。犯罪を許さないと思う気持ちや、困っている人を助けたいと思う気持ちを大切にして生活しましょう。

 社会で起きていること知り、問題意識をもってニュースや新聞を読むことができるようになりましょう。

 サイバー犯罪に立ち向かうためには、プログラミング※の知識があると有利です。プログラミングには計算が関わるため、基礎力を身につけておきましょう。

 実際に犯人を追いかけたり、立ち向かったりすることがある仕事です。体力づくりをするほか、柔道や剣道などの武道にも挑戦してみるとよいでしょう。

 サイバー犯罪の仕組みを理解するためには、情報技術の知識が必要です。インターネット上における情報利用の仕組みを理解し、適切な活用方法を学びましょう。

用語　※ プログラミング⇒コンピューターに作業を行わせるための命令（プログラム）を、専用の言語を使ってつくること。

仕事のつながりがわかる
法律の仕事 関連マップ

ここまで紹介した法律の仕事が、
それぞれどう関連しているのか、見てみましょう。

P.4

裁判官

裁判で、罪に問われた人や企業などへ判決を下したり、トラブルをかかえた人たちの問題を解決する道を示したりする。警察に、罪を犯した疑いがある人や企業などを捜査・逮捕する権利をあたえる令状を出すのも仕事のひとつ。

大学教授

裁判官は、専門的な知識がないと、判決を下すことが難しい犯罪をあつかう場合、「専門委員制度」を利用する。大学教授は専門家として裁判官に助言する。

相談

助言

判決を下す

捜査・逮捕の令状を請求

令状を出す

P.10

弁護士

刑事事件の裁判では犯罪の疑いをかけられた人や企業を弁護し、民事事件の裁判では依頼人の意見を法律に基づいて主張する。ほかにも企業同士が合併するときに契約書を作成したり、企業が新しい活動を始めるとき、法律的に問題がないか確認したりもする。

被疑者／被告人

罪を犯した疑いがある人を「被疑者」、検察官による取調べの結果、裁判で罪があるかどうかの判断を受けることになった被疑者を「被告人」と呼ぶ。多くの場合、被告人は、弁護士の弁護を受けて裁判に臨む。

弁護

警察

捜査

サイバーセキュリティ対策本部警察官

P.34

パソコンやインターネット、スーマトフォンなどを悪用した「サイバー犯罪」を防ぐために、対策を考える。そして被害者が生まれないように、世の中に注意を呼びかける。

情報共有

警察官（刑事事件担当）

犯罪が起こると、犯人を探したり、犯罪の証拠を集めたりする。被疑者を捕まえて、証拠がそろうと、検察庁に送る。犯罪の捜査を行うときは、裁判所へ、捜査対象の人や企業を捜査・逮捕するための令状を請求する。

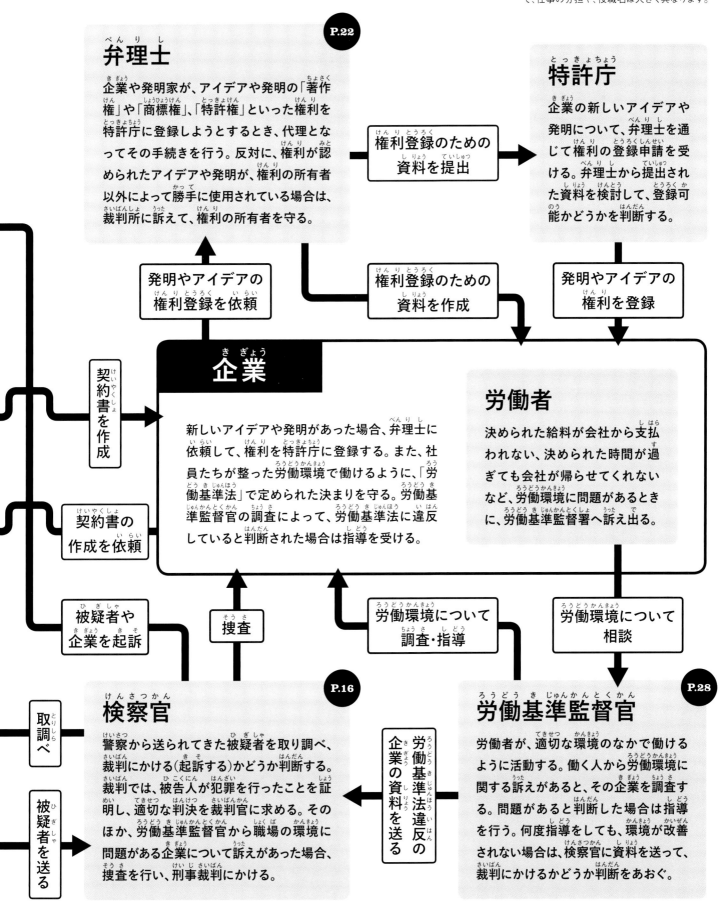

※このページの内容は一例です。会社によって、仕事の分担や、役職名は大きく異なります。

弁理士 P.22

企業や発明家が、アイデアや発明の「著作権」や「商標権」、「特許権」といった権利を特許庁に登録しようとするとき、代理となってその手続きを行う。反対に、権利が認められたアイデアや発明が、権利の所有者以外によって勝手に使用されている場合は、裁判所に訴えて、権利の所有者を守る。

特許庁

企業の新しいアイデアや発明について、弁理士を通じて権利の登録申請を受ける。弁理士から提出された資料を検討して、登録可能かどうかを判断する。

権利登録のための資料を提出 →

発明やアイデアの権利登録を依頼

権利登録のための資料を作成

発明やアイデアの権利を登録

企業

新しいアイデアや発明があった場合、弁理士に依頼して、権利を特許庁に登録する。また、社員たちが整った労働環境で働けるように、「労働基準法」で定められた決まりを守る。労働基準監督官の調査によって、労働基準法に違反していると判断された場合は指導を受ける。

契約書を作成

契約書の作成を依頼

被疑者や企業を起訴

捜査

労働者

決められた給料が会社から支払われない、決められた時間が過ぎても会社が帰らせてくれないなど、労働環境に問題があるときに、労働基準監督署へ訴え出る。

労働環境について調査・指導

労働環境について相談

取調べ

被疑者を送る

検察官 P.16

警察から送られてきた被疑者を取り調べ、裁判にかける（起訴する）かどうか判断する。裁判では、被告人が犯罪を行ったことを証明し、適切な判決を裁判官に求める。そのほか、労働基準監督官から職場の環境に問題がある企業について訴えがあった場合、捜査を行い、刑事裁判にかける。

労働基準法違反の企業の資料を送る ←

労働基準監督官 P.28

労働者が、適切な環境のなかで働けるように活動する。働く人から労働環境に関する訴えがあると、その企業を調査する。問題があると判断した場合は指導を行う。何度指導をしても、環境が改善されない場合は、検察官に資料を送って、裁判にかけるかどうか判断をあおぐ。

すべての仕事で法律の知識が必要な時代

▶ うまくいかない法科大学院

法科大学院という、弁護士、検察官、裁判官を育てることに特化した大学院ができたのは、2004年のことです。私たちの暮らしのさまざまな場面で法律の専門家に対する需要が増えることが予想されていたため、アメリカやヨーロッパに比べて圧倒的に少ないとされる法律の専門家の人口を増やすことを目的としていました。同時に、暗記が重視された司法試験の在り方を変え、さまざまな問題に柔軟に対応できる法律の専門家を育てる教育を行おうとしたのです。

こうして年間3000人の司法試験合格者を出すことを目標に、法科大学院が次々と新設されました。しかし、司法試験の受験者は、現在と同じ制度になった2011年の8765人から、2019年には4466人へと減少し、法科大学院修了者の司法試験合格率も低迷してしまいます。2005年に74校あった法科大学院は、2019年には半分以下の36校になっています。

その原因は、法科大学院に合格しても、司法試験の難易度が高いことです。2019年は34%の合格率でした。法科大学院に進学しても、法律の専門家になれるとは限らないのです。また法科大学院を修了し、難しい司法試験に合格して、仮に弁護士になったとしても、それに見合う給料が得られないと考える人が多いからではないでしょうか。

▶ 法律は私たちの身近にある

さて、みなさんに質問です。野球部の部員が練習中にバットでボールを打ったところ、隣の家のガラスが割れてしまいました。法律的にはだれの責任になるでしょうか。選択肢は①野球部の顧問、②学校、③市です。

答えは③です。学校の設置者である市の責任になります。その理由としては、学校を囲むフェンスを飛びこえてボールが飛んでいったのなら、市が事前にフェンスをもっと高くしなかったのがいけなかった、と法律では考えるからです。

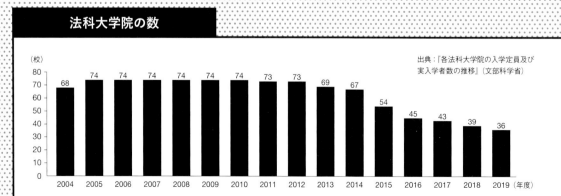

法科大学院の数

（校）

出典:『各法科大学院の入学定員及び実入学者数の推移』（文部科学省）

年度	校数
2004	68
2005	74
2006	74
2007	74
2008	74
2009	74
2010	74
2011	73
2012	73
2013	69
2014	67
2015	54
2016	45
2017	43
2018	39
2019	36

法科大学院は2005〜2010年度の74校をピークに減り続けている。これは、受験生が少なくなり、大学が閉校を決めてしまったため。今後も減り続けることが予想されている。

2018年、奈良県葛城市では市役所職員向けにコンプライアンス研修が行われた。市役所の職員も、職員どうしのトラブルを防ぎ、企業や市民の間に生まれるトラブルに対応するため、研修が必要となる。

このように、じつは法律は私たちの身近にあり、学校も法律にもとづいていることを、読者のみなさんは知っておいてください。

最近は、「ブラックバイト」という言葉をよく耳にします。無茶な勤務時間で働かされたり、給料が正しく支払われなかったりするアルバイトのことです。法律を知っていれば、その違法性にすぐに気づくことができます。企業には、「コンプライアンス」が求められています。コンプライアンスとは、法律や社会のルールを守るということです。お金がもうかればいい、そのためなら働く人たちがどんな思いをしてもいいという考え方ではなく、法律に則って会社を経営するということが求められています。

▶ 日本も契約書が重視される社会へ

この本に出てくる労働基準監督官の人はこう言いました。「小学6年のころ、大好きだった祖父が大工の仕事中に高いところから落下し、その事故が原因で亡くなりました。祖父のような事故をなくしていきたいと考え、労働基準監督官を志しました」。このような悲しい事件を出さないために、彼は法律を学んだのです。法律は、人々を守り、社会をよくするためにあるのです。

日本の企業はかつて、契約書は作成しないで、口約束や慣習で仕事を進めることが多くありました。しかし、海外の企業を相手に仕事をするには、契約書が必要です。これからは、日本社会も海外のように契約書を中心に物事が動いていく社会へと、ますます変わっていくでしょう。

そうなったとき、契約書は法律用語で書かれていますが、弁護士や、弁理士にまかせっきりではなく、自分でも最低限理解しておく必要があります。

みなさんが、これからはどんな仕事を目指すにしても、ある程度の法律の知識は欠かせなくなるでしょう。また、法律の知識を身につければ、どんな業種でも、活躍のチャンスが増えてくるといえるでしょう。

PROFILE

玉置 崇

岐阜聖徳学園大学教育学部教授。
愛知県小牧市の小学校を皮切りに、愛知教育大学附属名古屋中学校や小牧市立小牧中学校管理職、愛知県教育委員会海部教育事務所所長、小牧中学校校長などを経て、2015年4月から現職。数学の授業名人として知られる一方、ICT活用の分野でも手腕を発揮し、小牧市の情報環境を整備するとともに、教育システムの開発にも関わる。
文部科学省「校務におけるICT活用促進事業」事業検討委員会座長をつとめる。

構成／林孝美

さ く い ん

【取材協力】
東京地方裁判所　https://www.courts.go.jp/tokyo/
長島・大野・常松法律事務所　https://www.noandt.com/
東京地方検察庁　https://www.kensatsu.go.jp/
特許業務法人 志賀国際特許事務所　https://www.shigapatent.com/jp/
厚生労働省 東京労働局 青梅労働基準監督署
https://jsite.mhlw.go.jp/tokyo-roudoukyoku/
警視庁サイバーセキュリティ対策本部　https://www.keishicho.metro.tokyo.jp/

【写真協力】
朝日新聞社　p43

【解説】
玉置 崇（岐阜聖徳学園大学教育学部教授）　p42-43

【装丁・本文デザイン】
アートディレクション／尾原史和
デザイン／石田弓恵・加藤 玲

【撮影】
平井伸造

【執筆】
高橋秀和　p4-27
小川こころ　p28-39
林 孝美　p42-43

【企画・編集】
西塔香絵・渡部のり子（小峰書店）
常松心平・和田全代・一柳麻衣子・中根会美・三守浩平（オフィス303）

キャリア教育に活きる!
仕事ファイル24
法律の仕事

2020年 4 月 7 日　第 1 刷発行
2022年 2 月20日　第 2 刷発行

編　著　小峰書店編集部
発行者　小峰広一郎
発行所　株式会社小峰書店
　　　　〒162-0066東京都新宿区市谷台町4-15
　　　　TEL 03-3357-3521　FAX 03-3357-1027
　　　　https://www.komineshoten.co.jp/
印　刷　株式会社精興社
製　本　株式会社松岳社

©Komineshoten
2020 Printed in Japan
NDC 366 44p 29×23cm
ISBN978-4-338-33304-7

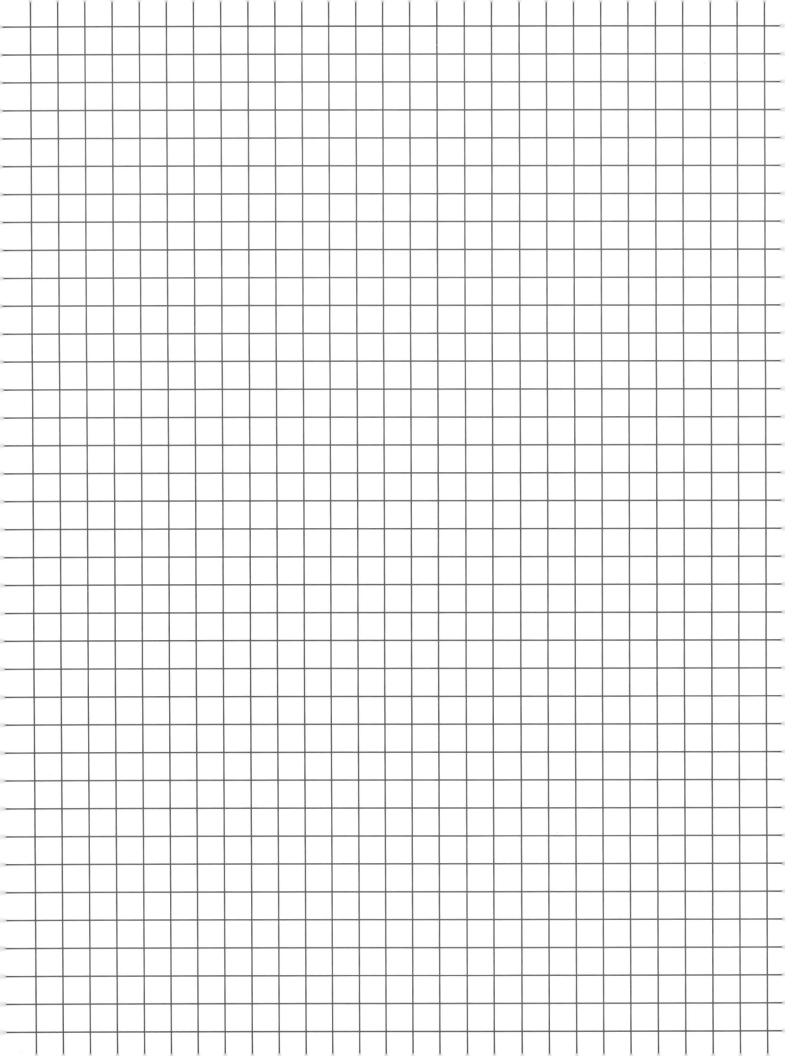